Eugen Eckert & Sigurd Rink

Sommerfrische für die Seele

Eugen Eckert & Sigurd Rink

Sommerfrische für die Seele

Ein spiritueller Urlaubsführer

KREUZ

MIX
Papier aus verantwor-
tungsvollen Quellen
FSC® C106847

© KREUZ VERLAG
in der Verlag Herder GmbH, Freiburg im Breisgau 2012
Alle Rechte vorbehalten
www.kreuz-verlag.de

Umschlaggestaltung: agentur Idee
Umschlagmotiv: © Corbis
Fotos Innenteil: Maren Boderke-Eckert

Satz: de·te·pe, Aalen
Herstellung: fgb · freiburger graphische betriebe
www.fgb.de

ISBN 978-3-451-61058-5

Es ist Sommer

Es ist Sommer, und ich atme,
atme durch und atme auf,
will genießen, will mich freuen –
geb der Sehnsucht freien Lauf.
Es ist Sommer, das beflügelt.
Und ich fliege, fliege aus.
Such mir Orte, auszuspannen –
mal weit weg und mal zu Haus.
Es ist Sommer. Gott sei Dank!

Es ist Sommer, und ich liebe,
lieb das Leben, bin verliebt.
Staune, dass es so viel Schönes
um mich her und in mir gibt.
Es ist Sommer, und ich denke.
Denke nach, auch über mich.
Werd mir klar, dass dieses Leben
halb nur schön wär' ohne dich.
Es ist Sommer. Gott sei Dank!

Es ist Sommer, und ich sammle,
sammle Farben, Töne, Kraft.
Nur ein Vorrat gibt die Aussicht,
dass man's durch den Winter schafft.
Es ist Sommer, und ich lebe –
aus dem Koffer, in den Tag.
Lass die Seele einfach baumeln.
Heute mach ich, was ich mag.
Es ist Sommer. Gott sei Dank![1]

Eugen Eckert

Inhalt

Vorwort

Urlaub beginnt im Kopf. Lange bevor die Taschen gepackt, die Wohnung versorgt, die Verkehrsmittel gebucht sind, stehen spannende Fragen im Raum: Wie möchte ich eigentlich meinen Urlaub verbringen? Wer soll mich begleiten? Welches ist das Sehnsuchtsziel, das ich diesmal bereisen möchte?

Mitten an einem trüben Sonntagnachmittag im nass-kalten November kann ich so auf andere Gedanken kommen. Während draußen der Wind die Blätter über die Straßen fegt, fläze ich mich auf das Sofa und greife mir ganz altmodisch meinen Atlas. Landschaften, Bilder ziehen an mir vorüber. Kinofilme: »Jenseits von Afrika«, »Zimt und Koriander« oder »Wie im Himmel«. Romane und Erzählungen: »So zärtlich war Suleyken«, »Der Stechlin« oder »Muscheln in meiner Hand«. Ach, was mag das für eine Landschaft sein: Persien, Iran? Die Märchen aus Tausendundeiner Nacht gehen mir durch den Sinn. Sultane und Harems, Zitadellen und blaue Moscheen, die Gerüche der Gewürze auf dem Basar von Damaskus. Safranblüten, Muskatnüsse, Vanilleschoten, Pfefferkörner.

Schon die Vorfreude auf Urlaub ist Urlaub, Fest – etwas ganz anderes als Alltag jedenfalls. Oft mögen die Bilder, die Sehnsüchte, die Imaginationen der Fantasie sogar die Wirklichkeit übertreffen. Damaskus mag ersticken im Gestank der Laster und Istanbul eine lärmende Mega-City sein: Meine Bilder, mein Fernweh wird dadurch kaum geschmälert werden.

So beginnt der Urlaub ganz unspektakulär – zu Hause auf dem Sofa. Und wenn dann aus Sehnsuchtsfantasien erste Pläne werden, dann mag das Sofa dem Esstisch weichen: Er bietet einfach mehr Platz für eine echte Landkarte. Eine Vermessung der Welt, die ich erkunden werde, wie einst Alexander von Humboldt Ecuador.

Dabei ist es ganz nebensächlich, ob die Karte, die vor mir liegt, Patagonien am Ende der bewohnten Erde beschreibt oder den Rheinsteig des oberen Mittelrheintals. Jede Landschaft hat ihren Reiz, ihre Bilder, ihre starken, spirituellen Orte. (Ein

11

Bekannter gewann einmal in einem Gewinnspiel ein Wochenende im Hotel seines Wohnortes. Die Erfahrung dieses Kurzurlaubs war für ihn so beeindruckend, dass er nun regelmäßig dort absteigt. Nah – und doch so fern.)

Kein Rechner dieser Welt kann für mich die Faszination von Atlas und Landkarte einholen. Es ist ein haptisches Vergnügen. Ich brauche den Finger auf der Landkarte, um mich zu orientieren und erste Gedanken über die Reise zu entwickeln. Und doch kommt auch die Zeit, in der der heimische Computer bei der Vorbereitung der Reise ganz praktisch wird. Wenn es darum geht, sich ein besseres Bild der *Terra incognita*, des unbekannten Landes der Sehnsucht zu machen, dann können sie schon wichtig werden, die kleinen Helfer des *World Wide Web*, von Amazon bis Wikipedia.

So beginnt Urlaub leise, ganz unscheinbar, beinahe beiläufig. Und kann dennoch schon in diesem zarten Anfang eine große Wirkung entfalten: bereits im Planen ein gerüttelt Maß an *Sommerfrische für die Seele*. Eine Perspektive, auf die hin sich das Leben neu ausrichten kann.

Wir bedanken uns

Dieses Buch verdankt seine Entstehung unserer Lust am Reisen, immer wieder auch in spirituellen Kontexten. Wir sind oft und gerne unterwegs – mit unseren Familien, mit einem Pastoralkolleg, im Kurpastorendienst am Urlaubsort oder auch im Rahmen eines *Sabbatical*, also einer Auszeit für Seele und Leib. Ein geflügeltes Wort sagt: »Wenn einer eine Reise tut, dann kann er was erzählen.« Weil wir viel reisen, haben wir viel zu erzählen. Und da wir eine Menge Erfahrungen miteinander teilen und darum auch die Themen untereinander aufgeteilt haben, verzichten wir bei unseren anekdotisch-erzählenden Texten bewusst auf die namentliche Zuordnung. Diese haben wir lediglich bei Fremdtexten oder jenen Gedichten vorgenommen, die zu Liedern vertont sind und deren Noten von der Website der Frankfurter Band HABAKUK abgerufen werden können (www.habakuk-musik.de).

Dieses Buch gäbe es allerdings nicht ohne die stets aufmunternde, richtungweisende und geistesgegenwärtige Begleitung durch Rolf Hartmann, Lektor im Kreuz Verlag. Ihm danken wir für intensive Gespräche und anspornende Kritik. Für das Festhalten schöner Augenblicke mit ihren Fotos danken wir Maren Boderke-Eckert.

Eugen Eckert & Sigurd Rink

Vorfreude

Tu deinem Leib Gutes,
damit deine Seele
gerne in ihm wohnt.

Teresa von Avila

Was in diesem Jahr dran ist

Janosch leitet sein »Wörterbuch der Lebenskunst« folgendermaßen ein: »Das Leben ist so. Du wirst hineingeworfen wie in ein kaltes Wasser, ungefragt, ob du willst oder nicht. Du kommst lebend nicht mehr heraus. Darüber kannst du:

a. unglücklich sein und ersaufen;
b. dich lustlos und frierend so lange über Wasser halten, bis es vorbei ist;
c. einen Sinn suchen und einfordern und dich grämen, weil er sich nicht zeigt;

Oder du kannst:

d. dich darin voller Freude tummeln wie ein Fisch und sagen: ›Ich wollte sowieso in kaltes Wasser, kaltes Wasser ist meine Leidenschaft. Was für ein verdammt schönes Vergnügen, Leute.‹

Und das wäre die Kunst, um die es hier geht.« [2]

Wer schon einmal einen Urlaub geplant hat, weiß, wie viele Anteile Lebenskunst bereits zur Wahl des Zieles gehören, denn jedes Jahr stellt sich die Frage neu, was wir aus der »schönsten Zeit im Jahr« machen wollen. Und jedes Jahr beginnen die Debatten neu.

Johannes möchte endlich wieder einmal in die Berge, Susanne aber kann sich nur am Meer erholen. Friederike träumt vom Sternenzelt beim Camping, doch Daniel reichen vier oder fünf Sterne – und der damit verbundene Luxus. Peter steht auf ganz viel Kultur. Hanna stimmt ein bisschen zu, vorausgesetzt, die Wellness kommt nicht zu kurz. Die Kinder aber rollen bei Worten wie Museum oder Kirche nicht nur die Augen. Sie finden eigentlich alles öde und legen für alle Fälle erst einmal ein Generalveto ein. Und schnell hat es sich wieder einmal gezeigt, wie viel Gesprächsbedarf und auch Streitpotenzial die Frage in sich birgt, was wir mit unserem Urlaub machen. Zu Hause bleiben oder reisen? Ein Ziel im Inland oder im Ausland suchen? Aktiv sein oder ausruhen? Mit Freunden fahren oder alleine? Stationär oder mobil? Mit welchem Verkehrsmittel? Mit wie viel Gepäck? Wohin? Und wer entscheidet?

Vielleicht kann die biblische Weisheit helfen, wenn es um solche Entscheidungen geht: Im Buch Kohelet, dem Buch des Predigers, heißt es im dritten Kapitel: »Für alles gibt es eine Zeit – Zeit für jedes Vorhaben unter dem Himmel.«[3] Sich auf diesen Gedanken einzulassen würde bedeuten: Auf dem Weg zur Wahl eines Urlaubszieles ist grundsätzlich erst einmal alles denkbar, für alle Ideen, Vorstellungen und Wünsche können Argumente gesammelt werden. Bis dann schließlich gemeinsam geprüft wird, was in diesem Jahr wirklich dran ist.

In einer Reihe von Gegensatzpaaren erinnert der Prediger daran, wie wichtig es ist, immer neu zu prüfen, wo wir in unserem Leben gerade stehen und was wir wirklich brauchen. Denn es gibt:

> »Zeit zu gebären und Zeit zu sterben,
> Zeit zu pflanzen und Zeit auszureißen,
> Zeit zu töten und Zeit zu heilen,
> Zeit einzureißen und Zeit zu bauen.
> Zeit zu weinen und Zeit zu lachen,
> Zeit zu trauern und Zeit zu tanzen.
> Zeit, Steine zu werfen, und Zeit, Steine zu sammeln,
> Zeit zu umarmen und Zeit, das Umarmen zu meiden.
> Zeit zu suchen und Zeit, verloren zu geben,
> Zeit zu bewahren und Zeit wegzuwerfen.
> Zeit auseinanderzureißen und Zeit zusammenzunähen,
> Zeit zu schweigen und Zeit, Worte zu machen.
> Zeit zu lieben und Zeit zu hassen,
> Zeit für den Krieg und Zeit für den Frieden.«
> *Kohelet 3,2–8*

Wo stehen wir? Und was brauchen wir? War die zurückliegende Zeit leichtfüßig und heiter? Suchen wir darum Orte zum Singen, Tanzen und Lachen? Waren unsere Wege anstrengend und gehetzt? Brauchen wir also Ruhe, Schlaf und Erholung? Gab es

Schmerzliches und noch lange nicht Verarbeitetes? Wollen wir nun neue Wege ausprobieren, auf denen wir Schritt für Schritt vorankommen können? Ist die Liebe zu kurz gekommen? Ist darum gerade jetzt Zweisamkeit angesagt, in aller Gemeinsamkeit? Sind wir einfach nur neugierig? Welches von den vielen schönen Zielen auf dieser Erde haben wir bislang noch nicht entdeckt? Stehen wir vor Veränderungen und Umbrüchen? Suchen wir also ein Ambiente, um in Ruhe nachdenken und reden zu können? Oder wollen wir vielleicht sogar endlich einmal unser Zuhause genießen, wenn schon alle Welt wegfährt?

Bei der Entscheidung für ein Urlaubsziel in sich hineinzuhören und in Ruhe zu überlegen, was ich in diesen Tagen, auf die ich mich freuen möchte, wirklich brauche, das hilft zumindest, sehr bewusst ein Ziel zu wählen.

Am besten im Gespräch mit denen um mich her. Die Devise heißt weder, sich unterbuttern zu lassen, noch, unter Aufbietung aller Kräfte zu dominieren. Dann werde entweder ich unglücklich oder mein Gegenüber. Einer von uns ersäuft, sagt Janosch. Auch faule Kompromisse sind nicht wirklich tragfähig. Wem hilft es, wenn einer von uns ganz lustlos mitkommt und nur hofft, dass die Zeit so schnell wie möglich vergeht?

Wenn wir zusammenleben und auch zusammen Urlaub machen wollen, sind immer Kompromisse nötig. Bei Gabriele und Hinrich ist es so, dass im einen Jahr sie und im nächsten Jahr er entscheidet, wohin die Reise gehen soll. »Ich wollte sowieso in kaltes Wasser«, lautet die Kompromissformel dessen, der sich auf die Entscheidung des anderen einlässt. Bei Familie Greiling gilt seit Jahren, dass sie das größte Organisationstalent hat und weiß, was ihr Mann und die Kinder brauchen. Die anderen verlassen sich auf ihren guten Geschmack, und, wohin es auch geht, sie tummeln sich voller Freude wie Fische an ihrem Urlaubsort.

Eine kreative Idee zu entwickeln, ein Verfahren und eine Spielregel, wie die Entscheidung fällt, wohin die Reise geht, ist eine interessante Herausforderung. Zu ihr gehört auch das Wissen oder zumindest die Ahnung, dass nicht jedes Jahr dem anderen gleicht. Denn »für alles gibt es eine Zeit – Zeit für jedes Vorhaben unter dem Himmel«.

Himmelsrichtungen

Am Anfang der Urlaubsplanung steht die spannende Frage: Wohin soll es denn überhaupt gehen? Viele Ziele gehen einem durch den Kopf, bekannte und unbekannte. Vielleicht ist es an diesem Punkt gar nicht schlecht, sich einmal einen Kompass vor Augen zu halten. Er richtet sich ganz automatisch aus, zeigt die Richtungen und Wege, lässt einen über die Ziele meditieren.

Wege nach Norden

Seltsamerweise steht der Norden bei der Urlaubswahl der meisten Zeitgenossen nicht gerade hoch im Kurs. Neun von zehn Reisenden zieht es eher in den Süden, der Sonne entgegen. Dabei hat die Nordlandfahrt so ganz ihre eigenen Reize. Nach Norden fahren heißt zwar nicht unbedingt der Sonne entgegenfahren, dafür aber umso mehr dem Licht. Wohl nirgendwo gibt es so faszinierende Lichtspiele wie im Norden. Spektakuläre wie die Mitternachtssonne, aber auch weniger bekannte, wie etwa das Nordlicht.

Ein bisschen Glück mit dem Wetter vorausgesetzt, entdeckt man Szenerien, die kaum mit der Kamera festzuhalten sind. Der Norden steht für Klarheit in den Farben, wie sie etwa in den Hütten Norwegens gespiegelt werden. Nicht nur im Sommer entwickeln sich immer wieder frappierende Lichtspiele. Das Licht der Hebriden etwa (»Hebridian light«), einer Inselgruppe im Westen Schottlands, ist Legende. Schon der Komponist Felix Mendelssohn Bartholdy hat versucht, diese Stimmung in Klangbildern einzufangen.

Faszinierend ist der Norden aber nicht nur im Sommer. Die langen Tage zwischen Schnee und Eis in der Osterzeit etwa entwickeln ihren ganz eigenen Reiz. Wer jemals die Hardangervidda, eine einzigartige Hochebene in Mittelnorwegen, auf Langlaufskiern von Hütte zu Hütte gekreuzt hat, wird diese Eindrücke wohl nie mehr vergessen.

Wege nach Osten

Wohl kaum eine Himmelsrichtung harrt noch so der Entdeckung wie der Osten. Kein Wunder, haben doch der Kalte Krieg und der »Eiserne Vorhang« diesen Weg über Jahrzehnte versperrt. Und doch sind schon die ersten Pioniere unterwegs und entdecken die neuen alten Wege gen Osten. Kirchen etwa sind »geostet«. Und das hat seinen guten Grund: Liegen doch im Osten die uralten Kulturlandschaften. Allen voran natürlich der »Nahe Osten« mit dem Pilgerziel Jerusalem. Aber auch die anderen vielen Wege in die Steppen Eurasiens. Alte Klöster erzählen von der bewegten Geschichte dieser Wege. Das orthodoxe Christentum entfaltet seinen mystischen Reiz. Und man darf sich mit großer Wahrscheinlichkeit gewiss sein, dass jenseits einzelner Kulturreisender kaum jemand diese Himmelsrichtung einschlägt.

Wege nach Süden

Über die Sehnsucht des deutschsprachigen Raumes nach Süden zu schreiben, das ist fast schon müßig. Hat sich dieses Bild doch über Jahrhunderte hinweg in das kollektive Gedächtnis eingebrannt. Süden heißt Rom, die Ewige Stadt. Süden heißt das Land, »in dem die Zitronen blühen«, heißt Neapel und Golf von Sorrent. Süden heißt eine unüberschaubare Vielzahl von Städten und Kulturlandschaften, jedes zweite Denkmal der Unesco befindet sich in einem einzigen Land – Italien.

Die Deutschen lieben den Süden. Luther pilgerte nach Rom. Goethe hatte seine italienische Reise. Und lange bevor es Urlaub gab, fuhren die Bürger einmal in ihrem Leben gen Süden.

Süden heißt aber oft auch Armut. Dürre und Mangel. An Wasser. An Wolken. An Regen. Etwas, was der Reisende häufig übersieht – vielleicht auch gar nicht wahrhaben will.

Wege nach Westen

Vielleicht – ähnlich wie der Norden – eine unterschätzte Himmelsrichtung. Westen heißt Wind. Westen heißt Sturm. Westen heißt Regenschauer und Sonne an einem Tag. Der winzige Zipfel Eurasiens, der sich Europa nennt, ist Westland. Der Atlantik tost mit all seiner Macht gegen die Ufer des Westens, peitscht seine Wolken gegen die ersten Bergrücken. Darauf muss man Lust haben. Die Seele frei atmen lassen. Die Gischt auf der Haut spüren.

Und zugleich ist der Westen so mild, eine weltweit einzigartige Formation. Noch hoch im Norden oder vor Irland die Wärmflasche des Golfstroms. Palmen im Park. Zehn oder zwölf Grad temperiert, kein Schnee in Sicht.

Die zerklüfteten Küsten sind schon eine Reise wert. Das Irland Heinrich Bölls, der *Giant's Causeway* im Norden der Grünen Insel. Die *Mourne Mountains*, die sanft zum Meer hinabfallen.

Oder die Fjorde Norwegens. 200 Kilometer ins Land gefräst. 1200 Meter aufsteigende Berge aus dem Nichts. Das ist Westland.

All das kann man meditieren, wenn es um die Wahl des Urlaubs geht. Kann nachsinnen: Was würde mir jetzt guttun? Worauf habe ich Lust? Wo finde ich Erfüllung in der ganz anderen Zeit, die vor mir liegt? Der Schöpfer hat schon gut daran getan, so vielfältige Landschaften zu erschaffen.

Wohin soll die Reise gehen?

Es hätte was,
mal hier zu bleiben
und, weit entfernt
vom Urlaubstreiben,
was nah liegt
einfach zu genießen.
Den Park, den Zoo,
die Gartenbank,
das Schwimmbad, Wald,
vertrauten Trank.
Es hätte was,
mal aufzuräumen –
und sich dabei
weit wegzuträumen.
Balkonien liegt
günstig nah:
Ich glaube fast
wir bleiben da.

Es hätte auch was,
weit zu reisen,
was andres sehn,
exotisch speisen.
Ganz andre Sitten,
viel Kultur,
und wilde Tiere
in Natur.
Es hätte was,
die Welt zu sehen,
auf unbekanntem
Pfad zu gehen.
Die Mongolei?
Doch Panama?
Warst du schon mal
in Afrika?

Es hätte selbst was,
loszufahren,
und sich zu weite
Trips zu sparen.
Die Berge, Seen,
das Meer, der Strand;
Historisches
im Hinterland.
Es braucht halt Zeit,
bis schließlich steht,
wohin die nächste
Reise geht.

Warum es mich auf Inseln zieht

»*Das täte ich gern: umschlossen auf meiner Insel, vom hohen Felsen herab dem Meer nachsinnen, so vielfältig bewegt.*«[4] Mit diesen Worten beginnt das anrührende Gedicht »Meine Insel«. Es wird St. Columba zugeschrieben, der im 6. Jahrhundert lebte und zu den »Zwölf Aposteln Irlands« zählt. Um ihn, den Gründer zahlreicher Klöster und deren geistlicher Führer, schart sich jene Gruppe iro-schottischer Mönche, deren tief geprägte religiöse Tradition, die »keltische Spiritualität«, Ausgangspunkt und Grundlage für die Christianisierung der britischen Insel und weiter Teile Nord- und Westeuropas war.

Die Legende erzählt, dass St. Columba nach Konflikten mit seinem theologischen Lehrer St. Finian 561 n. Chr. Irland verlassen musste. Gemeinsam mit zwölf Freunden stieg er in ein Boot und legte das Ziel der Reise in Gottes Hände. Der Ort, an dem die Brüder strandeten, war die Hebriden-Insel Iona vor der Westküste Schottlands. Hier, wo Himmel und Erde untrennbar miteinander verwoben sind, gründete St. Columba jenes Kloster, das für Jahrhunderte zu einem geistlichen Zentrum Schottlands wurde. Hier entstanden theologische Standardwerke, wahrscheinlich auch das *Book of Kells*[5], ein Meisterwerk westlicher Kalligraphie, das mit aufwendigem Schriftbild und in leuchtenden Farben verziert eine Abschrift der vier Evangelien aus der lateinischen Vulgata enthält. Und hier entstanden zu Herzen gehende Schöpfungshymnen.

Alles auf dieser knapp neun Quadratkilometer großen und von nur 125 Menschen bewohnten Insel Iona atmet Heiligkeit. Selbst die Hinreise steckt voller kontemplativer Überraschungen, zu denen zerklüftete Gebirgszüge genauso gehören wie tosende Wasserfälle, verfallene Burgen und, mit dem *McCaig's Tower* ein viel zu ehrgeiziger und darum nie fertig gestellter Nachbau des Kolosseums von Rom über der Küstenstadt Oban. Erst mit dem Bau der Eisenbahnlinie und dem Beginn der Dampfschiff-Ära gegen Ende des 19. Jahrhunderts wuchs Oban vom kleinen Fischerdorf zum Haupt-Fährhafen für die

Inneren und Äußeren Hebriden. Von hier abzulegen bedeutet, bis zum Ende der Welt zu fahren. Darum ist selbst das Warten auf die Fähre im Hafen von Oban eine kontemplative Übung. Diese streckt sich über Stunden, denn die Fähre führt zunächst nach Craignure auf der *Isle of Mull*. Dort startet der Bus, der die Insel Mull auf sich abenteuerlich schlängelnder, einspuriger Straße durchquert, der sich manchmal auch im Rückwärtsgang zur letzten Haltebucht zurückschlängeln muss, um ein entgegenkommendes Fahrzeug passieren zu lassen, bis irgendwann die Straße in Fionnphort vor der Fähre nach Iona endet.

Seit Jahrhunderten gilt Iona als »Heiliger Ort«. Der Inselfriedhof Reilig Odhráin soll letzte Ruhestätte für norwegische und schottisch-irische Könige sein, unter ihnen der durch Shakespeares Drama zu Weltruhm gelangte Macbeth. Mit einer Sondergenehmigung wurde hier auch John Smith (1938–1994), der frühere Vorsitzende der Labour Partei, bestattet.

Auch ich erlebe diesen Ort als heilig. Die Abbey selbst, die im Mittelalter verfallen war. Das alte Kloster wurde von der ökumenischen Iona-Community neu aufgebaut, die George MacLeod, Pfarrer der *Church of Scotland*, 1938 ins Leben gerufen hatte, um arbeitslosen Jugendlichen in der Wirtschaftskrise ein Ziel für sinnvolles Engagement zu geben. Eine Insel, ein Kloster, eine Gemeinschaft, eine Kirche – nicht eingerichtet als Ziel für fromme Weltflucht, sondern als Zwischenstation, als Refugium auf Zeit, um nachdenken zu können, um sich klarwerden zu können, um sich neu formieren zu können. Gruppen aus aller Welt kommen üblicherweise für einen einwöchigen Aufenthalt. Sie werden eingebunden in das Beten und Arbeiten der Community. Denn die Teilnahme an den Stundengebeten und Gottesdiensten gehört ebenso zum verbindlichen Tagesrhythmus, wie freie Zeit zur Bibellektüre und dienstbare Zeit im Koch-, Tisch- oder Spüldienst. Dazu kommen Gespräche: die Beschäftigung etwa mit Fragen nach einem verantwortlichen Umgang mit Geld und Zeit oder woran sich entschlossener Einsatz für Frieden und Gerechtigkeit festmachen lässt. Auch die Mitglieder der Community wohnen hier auf Zeit. Spätestens nach einem Jahr sollen sie in ihre Welt zurückkehren und dorthin die Ausstrahlung dieser Insel tragen – die in ihren Gebeten und Liedern längst tief verankert ist in den Gesangbüchern und Liturgien der gesamten englischsprachigen Welt.

Nicht nur das Kloster, die Kirche, die Community und auch der Friedhof von Iona sind mir heilig, sondern auch die einsamen Strände, an denen ich schon häufig dem Rhythmus von Ebbe und Flut begegnet bin, diesem Auf und Ab, diesem Kommen und Gehen, das ja auch Teil meines Leben ist, seit ich es bewusst wahrnehme. Mich lehrt der Rhythmus der Gezeiten, dass alles in dynamischer Bewegung bleibt. Kein schmerzlicher Tiefpunkt ist dauerhaft. So wie in der Mitte der Nacht ein neuer Tag beginnt, so wendet sich das ablaufende Wasser, um neu aufzulaufen. Und, natürlich, auch kein Höhepunkt hält ewig an. Hohes und Tiefes sind ineinander verwoben. Hohes und Tiefes sind Teil meines Lebens – und keine dieser jeweils wieder vorübergehenden Phasen sollen mich je scheiden von der Liebe Gottes, sage ich mir – unter Verwendung von Gedanken des Apostels Paulus (Röm 8,39).

Hier am Strand habe ich schon Taufen im Atlantik miterlebt. Das Wasser stand dem Täufer und den Täuflingen in ihren weißen Gewändern dabei bis unter die Achseln. Und die versammelte Gemeinde hat mitgetauft, mit dem Wasser ihrer Tränen, die in diesen bewegenden Momenten vergossen wurden. Junge Erwachsene, deren Suche nach Sinn und sinnvoller Lebensgestaltung auf Iona zu einem glaubwürdigen Ziel geführt hat, lassen sich hier sehr bewusst aufnehmen in die Geschichte der Gemeinschaft der Heiligen. Sie lassen sich untertauchen im Meer, um verwandelt, um in einer neuen biografischen Wirklichkeit wieder aufzutauchen: *Quasimodogeniti*, so, wie die gerade geborenen Kinder.

Hinter sich lassen zu können, ablegen zu können, das ist ein zentraler Grund, warum es mich auf Inseln zieht. Ich suche im Urlaub Abstand zum Alltäglichen. Ich möchte nicht ständig erreichbar und jederzeit abrufbar sein. Manchmal möchte ich für eine Weile noch nicht einmal wissen, was sonst alles auf der Welt geschieht. Ich möchte die Anker lichten, um auszulaufen. Darum beginnen auch meine Inselurlaube unmittelbar in dem Augenblick, in dem ich an Bord gehe, nichts mehr mit mir führe als die paar Dinge im Koffer und mich für die nächsten Tage darauf einstelle, fast nur nach vorne und ganz selten zurückzuschauen.

Ich vergleiche aber auch mein Leben mit dem einer Insel: Die Inseln, die ich liebe, sind für mich einzigartig – so wie mein Leben einzigartig ist, selbstverständlich ebenso wie das Leben der Menschen um mich her. Zu meinem Leben, wenn ich es im Bild der Insel beschreibe, gehören all die Möglichkeiten, mir nahezukommen, an mein Ufer zu gelangen, auch den Dorfkern zu erkunden: Mal reicht eine Furt, weil der Graben zwischen uns gar nicht so tief war, mal braucht es eine Brücke; mal ist es der Anleger im sicher gebauten Hafen, der Platz hat für die großen und kleinen Boote, mal ist es die verträumte Bucht im Schutz von Felsen. Es gibt viele Möglichkeiten, bei mir zu landen, mir zu begegnen, das Leben und die Zeit mit mir zu teilen.

Und doch bleibe ich eine Insel mit meinen Wesensmerkmalen und Eigenarten, die nie allen gleich gut gefallen und die auch nie ganz deckungsgleich sind mit den Eigenheiten anderer. Ich bleibe eine Insel mit dem, was mir heilig ist und unantastbar. Ich bleibe eine Insel, die eines schönen Tages zu der ihr bestimmten Zeit aus dem Meer der Ewigkeit aufgetaucht ist und dorthin auch wieder zurückkehren wird, wenn diese Zeit um ist. Natürlich baue ich Deiche und Dämme, um Stürmen widerstehen zu können. Natürliche schmücke ich mich, mache mich schön, um einladend zu sein. Natürlich beschäftige ich mich mit Interessantem, um interessant zu bleiben. Aber ich weiß auch und will das nie vergessen, dass meine Zeit begrenzt ist und der Tag kommt, an dem ich untergehe.

Es ist die Schönheit, es ist die Natürlichkeit, es ist die Heiligkeit, die mich auf Inseln zieht. Es ist die Begegnung mit den Gezeiten, die mich meinen Rhythmus prüfen lässt. Es ist die Erfahrung von stetem Wandel im scheinbar Beständigen, die mich nachdenklich werden lässt.

Auf Iona stand ich schon manches Mal 101 Meter über dem Meeresspiegel auf dem *Dún Í*, der höchsten Erhebung der Insel, und habe den Blick genossen: nach Osten auf die Abbey dort unten, umgeben von saftigen Wiesen voller friedlich grasender Schafe, auf die Fähre nach Mull und auf die Küste im Hintergrund; im Süden, im Westen und im Norden aber umgeben vom tosenden Atlantik. Das sind Bilder, die ich, wenn es geht, auch in meiner Todesstunde sehen möchte, zu den Worten von Columban: »*Das täte ich gern, umschlossen auf meiner Insel, vom hohen Felsen herab dem Meer nachsinnen, so vielfältig bewegt.*«

Eine Insel

Wind fährt böig mir durchs Haar
so wie's all die Jahre war
Möwenschrei –
ich bin frei.
Abgelegt vom festen Land
ein paar Felsen, Dünen, Sand
machen mich
schön für dich.

Eine Insel
umspült vom Strom der Zeit
eine Insel
im Meer der Ewigkeit
eine Insel
die Stürmen widersteht –
und die doch
eines Tages untergeht.

Habe Schiffe segeln sehn
Menschen kommen, Menschen gehn
stets gleich bleibt
was sie treibt.
Denn im großen Strom der Zeit
fragen sie nach Ewigkeit
was besteht
was vergeht.

Eine Insel
umspült vom Strom der Zeit
eine Insel
im Meer der Ewigkeit
eine Insel
die Stürmen widersteht –
und die doch
eines Tages untergeht.

Ich bin Insel, ich bin Strand
ich bin Hafen, Fels und Sand
bin auf Zeit
Ewigkeit.
Bin ein Mensch, der kommt und geht
der aus Widerspruch besteht:
Ebbe, Flut
Angst und Mut.

Ich bin Insel
umspült vom Strom der Zeit
eine Insel
im Meer der Ewigkeit
eine Insel
die Stürmen widersteht –
und die dann
eines Tages untergeht.[6]

Eugen Eckert

Ich will auch mal weg –
Die Renaissance des Pilgerns

Hätte man vor 15 oder 20 Jahren einen jungen Menschen gefragt, ob er sich vorstellen könne, einmal einen Pilgerweg zu gehen, so wäre man vermutlich ausgelacht worden. Pilgern – das galt als etwas Verstaubtes, Altmodisches, vielleicht bestenfalls geeignet für eine Seniorenrunde der Pfarrgemeinde Altötting. Seither haben sich die Zeiten gründlich gewandelt. Nicht erst seit Hape Kerkelings »Ich bin dann mal weg« ist Pilgern gerade auch jüngerer Menschen *en vogue* geworden. Die Pilgerwege schießen aus dem Boden: Elisabethpfad, Meditationswege zum Sonnengesang des Franziskus, Bonifatiusroute, der Stabkirchenpilgerweg durch Norwegen und unzählige andere Wege werden nach und nach erschlossen und erweisen sich als Magneten eines ganz anders gearteten Urlaubs. Über allem steht aber der legendäre Jakobsweg – sternförmig durch ganz Europa auf Santiago de Compostela hin zulaufend.

Was suchen die Menschen auf diesen *Trails* – wie die Amerikaner sie nennen –, den Weitwanderwegen der Gegenwart? Und was kann man bei einer solchen Pilgerwegserfahrung finden?

Zunächst sicherlich Entschleunigung: Wer etwa den spanischen Teil des Jakobspfades leidlich in Ruhe gehen will, muss sich schon mal eine dreimonatige Auszeit gönnen. Und das ist angesichts von Beruf und vielleicht Familie eine ganz schön lange Zeit, ein echtes »Sabbatical«.

Die Entschleunigung betrifft jedoch nicht nur den Alltag, sondern jede Bewegung: Der Mensch, der gewohnt ist, mit 50 oder 100 Kilometern pro Stunde vorwärtszuschießen, wird plötzlich auf seine eigenen Füße gestellt. Das ist angesichts der Laufmüdigkeit vieler Zeitgenossen eine ziemlich heftige Erfahrung (die viele in den ersten Tagen des Pilgerns auch schmerzhaft bezahlen).

Entschleunigung bedeutet aber auch geistige und geistliche Rückbindung. Es ist wohl für den »Pilger-Novizen« unbedingt ratsam, zunächst langsam, allmählich und gut angeleitet zu beginnen. Pilgern lebt eben nicht nur vom Laufen, sondern von den vielen geistlichen Übungen, die sich auf einem solchen Weg nahelegen. Morgengebet, Meditation, Stille Zeiten, Mittagslob, das Kauen eines Bibeltextes, Singen (!), Einkehr in einer Kapelle oder Kirche, allein gehen oder in der Gruppe – der Vielfalt der Übungen sind keine Grenzen gesetzt.

Wer sich nach einigen kleineren Wegen entschließt, das Abenteuer eines großen Weges auf sich zu nehmen, ist gut beraten, sehr genau die wenigen Habseligkeiten zu prüfen, mit denen er den großen Weg besteht. Die können sehr unterschiedlich aussehen, je nachdem, auf welchem Weg und zu welcher Jahreszeit man unterwegs ist. Schwere, feste Wanderschuhe mögen auf den Alpenetappen eines Pilgerweges angezeigt sein, aber etwa auf der Nordroute des spanischen Jakobsweges ganz deplatziert sein. Wer große Strecken auf Asphalt läuft, braucht keine steigeisenfesten Treter. Ähnliches gilt für die Kleidung. Wer bei zehn Grad Regen durch die Hardangervidda pilgert, braucht eine andere Ausrüstung als der Sommerpilger rund um San Sebastian, der mit mindestens 20 Grad rechnen darf – trotz der auch dort reichlichen Regengüsse.

Jedes Gramm eines Pilgerrucksacks will abertausende Mal bewegt, gehoben, abgefedert sein. Da macht es sich bemerkbar, ob der Packen acht, zehn oder zwölf Kilo wiegt. Jedenfalls ist es erstaunlich, mit wie wenig Dingen ein Mensch auch über Wochen hinweg auskommt …

Wer es schafft, in den Rhythmus des Pilgerns richtig einzutauchen, wird allerdings auch mit Großartigem belohnt. Ja, übertragen könnte man sagen: Es gibt nicht wenige Zeitgenossen, die »süchtig« danach werden und nach immer neuen Pilgerrouten Ausschau halten.

Elisabeth kannte keinen Urlaub

Urlaub war für die meisten Generationen vor uns ein Fremdwort. Die bäuerliche Lebenswelt lebte von einer festen Rhythmisierung des Lebens. Und die weitaus meisten Menschen hatten ohnehin keine Mittel, um zu verreisen. Ein Urlaub, eine Studienreise gar – das war eine Sache für die oberen Zehntausend der Gesellschaft und auch für diese meist mit erheblichen Strapazen verbunden.

Elisabeth zum Beispiel war eine Kleinbäuerin im Marburger Land. Durch die Realteilung, die dort üblich war und jedem Kind das gleiche Erbteil zumaß, verarmten die Dörfer und Familien nach und nach. Zum Schluss blieb gerade so viel übrig, dass man mehr schlecht als recht davon leben konnte. Ein paar Ackerstücke, ein großer Gemüsegarten, ein paar Waldstücke. Wenn man Glück hatte, gab es noch eine Kuh im Stall, ein Schwein zum Mästen und natürlich Hühner auf dem Hof.

Elisabeth war Jahrgang 1900. Als sie 19 war, bekam sie ihr erstes Kind, es sollten acht weitere folgen. Die Pille war noch nicht erfunden. Fünf der Kinder überlebten die Kindheit, die anderen starben, der Arzt war weit weg und teuer. Die dörfliche Lebenswelt war fest strukturiert. Man stand mit den Hühnern auf und ging – so gegen acht – mit den Hühnern ins Bett. Auf dem Nachttisch lagen Bibel und Gesangbuch – die einzigen Bücher im Haus.

Eigentlich war das Dorf der einzige Lebensraum. Es gab ein paar Verwandte in Nachbardörfern, die besuchte man dann und wann, vor allem, wenn ein Familienfest anstand. Einmal im Jahr ging es nach Marburg, sechs Kilometer entfernt, mental eine Weltreise.

Als Elisabeth 1973 starb, hatte sie das Meer nicht gesehen. Grimms Märchen, die in ihrer Gegend entstanden und gesammelt worden waren, erschlossen ihr fremde Welten. Selbst wenn sie die Mittel gehabt hätte – ihre Witwenrente betrug zum Schluss 150 Mark –, hätte sie nicht wegfahren können.

Die Hühner, das Schwein, der Garten wollten ja schließlich versorgt sein. Und sonntags ging es in die Kirche und auf den Friedhof.

Die Kinder verließen sie nach und nach. Das Dorf bot keine Perspektive. Drei gingen nach Frankfurt zur Arbeit. Zwei blieben in der Gegend wohnen. Der Mann hatte sie nach dem Krieg verlassen, es war kein großer Schaden, er trank.

Einmal wollte Elisabeths Ältester ihr etwas Gutes tun. Selbst weltläufig geworden, steckte er sie ins Auto und fuhr mit ihr nach Südtirol. Elisabeth ging also in ihrer Marburger Tracht – etwas anderes hatte sie ja nicht – in die Berge. In Meran angekommen, packte er sie in die Seilbahn, damit sie die Gipfel sehen könne. Auf dem Weg klammerte sie sich an ihm fest und rief: »Konrad, Konrad, ich komm hier nie mehr runter!«

Sie scheint nicht besonders glücklich gewesen zu sein in diesem »Urlaub«. Wieder zu Hause angekommen, stiefelte sie erst einmal in ihren Bauerngarten, um nach den Kartoffeln zu sehen. Erholung vom Urlaub.

Wie immer

Manchmal hat man *den* Urlaubsort schlechthin gefunden. Für immer und ewig. Die ostfriesische Insel Spiekeroog etwa. Sie gehört zu jenen Zielen, an die es ganze Sippen regelmäßig zieht, und das bereits in der dritten oder vierten Generation.

Angefangen hat das Ganze vor Jahrzehnten: Wegen der Kinder hatte man sich entschlossen, dorthin zu fahren. Ein autofreies Fleckchen Erde, umspült von der Nordsee, die gesunde Luft, der weite Strand, die Möglichkeit, den Aufenthalt im Nordseebad mit einer Kur zu verbinden, und die Gewissheit, dort Gleichaltrige, Gleichgestellte und Gleichgesinnte anzutreffen, waren ausschlaggebende Faktoren für diese Entscheidung.

Schon bald hatte sich herausgestellt, dass diese Entscheidung goldrichtig war. Am Strand saß man im Sand mit interessanten Nachbarn, konnte miteinander scherzen und spielen, sich austauschen und manches Picknick teilen. Die Kinder hatten ohne Anlaufzeit andere Kindern gefunden und blieben für Stunden verschwunden. Mit Eimern und Schaufeln ausgestattet, bauten sie Burgen am Wassersaum, sammelten Muscheln oder spielten Boccia im Sand.

Jeder Tag hatte einen so einfachen Rhythmus, gutes Wetter vorausgesetzt. Aufwachen, sich erfrischen, frühstücken, das Picknick richten, den Strandkorb aufsuchen, den Tag einfach genießen – bis zur Rückkehr am Abend. Es war unnötig, ein Programm zu planen, weil es sich von selbst ergab. Und auch der Stress war minimal, weil alle auf ihre Kosten kamen. Die Zeit war herrlich und die Stunden flogen davon zwischen sich eincremen, erst einmal dösen, mit den Nachbarn plaudern, in einem Buch lesen, baden gehen und sich abduschen, am Wasser entlangspazieren, ein wenig Sport treiben und wieder dösen.

Dieser Urlaub war so gut, dass man sich am Ende mit den Nachbarn, die längst zu Freunden geworden waren, auch für das kommende Jahr wieder hier verabredete. Musste man ja auch, weil die Zahl der Quartiere begrenzt ist und nur eine frühe Buchung Planungssicherheit bedeutet.

Aus dem ersten Jahr wurden Jahre. Aus den Jahren Jahrzehnte. Manchmal ist eine der altvertrauten Familien zwar weggebrochen, rechtfertigte sich damit, dass Mallorca ja auch ganz schön sei. Und Kreta erst. Als ob das eine hinlängliche Begründung wäre!

Man selbst ist seinem vertrauten Urlaubsort treu geblieben. Das Teeservice der Kurverwaltung hat man seinerzeit freudestrahlend entgegengenommen. Es wird Gästen überreicht, die 25 Jahre lang in der Hauptsaison mindestens für 14 Tage hier Urlaub machen. Lange schon sind die eigenen Kinder erwachsen, verheiratet, haben eigenen Nachwuchs. Herrlich, nun auch den Enkeln das Meer zu zeigen, den Strand und den Sand. Ob es einem vielleicht auch vergönnt sein mag, diese Wege mit den Urenkeln zu gehen? Zu den Jüngsten gehört man schon lange nicht mehr. Aber wenn Gott will und wir leben, warum nicht!

Wohin es im nächsten Urlaub gehen soll? Welch eine Frage! Wir haben natürlich schon längst wieder gebucht. Wie immer.

Sei behütet Tag und Nacht

Sei behütet Tag und Nacht.
Wo du liegst und wo du stehst,
halte Gottes Engel Wacht,
dass du nicht verloren gehst;
halte Gottes Engel Wacht,
dass du nicht verloren gehst.

Geh beflügelt durch die Welt.
Du hast Zeit, vor dir liegt Raum.
Unter Gottes großem Zelt
wird jetzt wahr dein Reisetraum.
Unter Gottes großem Zelt
wird jetzt wahr dein Reisetraum.

Sei begleitet, wo du magst.
Gott bleibt nah, wo du auch bist.
Sorgt sich, dass du nie verzagst
und dein Weg gesegnet ist.
Sorgt sich, dass du nie verzagst
und dein Weg gesegnet ist.[7]

Eugen Eckert

Die Entdeckung der Langsamkeit

Bis in die Mitte des 19. Jahrhunderts hinein entwickelte sich die menschliche Kultur langsam, stetig und ohne allzu große Entwicklungsschübe. Das Maß der Geschwindigkeit war der Mensch selbst, die fünf, bestenfalls sechs Kilometer, die er in der Stunde laufen konnte. Noch der angehende Medizinstudent Georg Büchner legte alle seine Wege zwischen Darmstadt, Gießen, Straßburg und Zürich zu Fuß zurück. Für die Postkutsche hatte er kein Geld. Eilige und wertvolle Güter, wohlhabende Leute konnten die Kutsche benutzen, die vielleicht doppelt so schnell und halb so beschwerlich unterwegs war. Die Literatur, etwa Goethes Italienreise, ist voll von den Unbilden solcher Reisen, matschiger Wege, Überfällen, Hagel und Frost.

Durch die Industrialisierung entwickelte sich rasch eine enorme Geschwindigkeitsentwicklung. Die ersten Eisenbahnen um 1830, die Motorisierung vor 125 Jahren, schließlich der Flugverkehr kannten nur eine Richtung: höher, schneller, weiter.

Die Menschen passten ihr Arbeits- und Urlaubsverhalten rasch den neuen Möglichkeiten an. Die Bahnen brachten sie in die Sommerfrische an der Ostsee, die Autos nach Rimini, die Flugzeuge auf die Malediven. Heute sind zwei Fernflugreisen pro Jahr ein Statussymbol in bestimmten Milieus. Die Dominikanische Republik, Thailand, Kenia gehören zum Pflichtprogramm.

Erst seit jüngerer Zeit entstand gegen diese permanente Beschleunigung des Lebens eine recht breite Gegenbewegung. Wenn schon der Alltag sich in seiner Geschwindigkeit nicht aufhalten lässt, wenn *Blackberry*, *Smartphone* und *Facebook* allgegenwärtig sind und spätestens nach vier Stunden auf Beantwortung warten, dann soll doch wenigstens in den freien Zeiten, im Urlaub, eine Entschleunigung eintreten. Die Anzeichen dafür sind ganz offensichtlich. Hape Kerkeling hat mit seinem bereits erwähnten Buch »Ich bin dann mal weg« der Langsamkeit des Pilgerns endgültig zum Durchbruch verholfen. Der alpine Abfahrtssport kommt nicht nur durch den Klimawandel an seine Grenzen. Mehr und mehr setzen sich sanfte Formen des Tourismus durch: Schneeschuhlaufen, Langlauf, Skitouren oder schlichtweg der gute alte Spaziergang.

Menschen haben ein sehr feines Gespür dafür, was ihnen wirklich guttut. Und die Bewegungsmuster, die wir seit Jahrtausenden verinnerlicht haben, müssen nicht die schlechtesten sein: Gehen und Schwimmen. Es kommt sicherlich hinzu, dass sich ab einem bestimmten Alter (das ich an dieser Stelle verschweige; es ist früher, als man denkt...) auch aus medizinischer Sicht eigentlich nur die »geschienten« Bewegungen als förderlich erweisen. Wobei zum Gehen und Schwimmen dann vielleicht noch das Radfahren hinzukommt.

Die Richtung jedenfalls ist eindeutig: Ich kann mein Leben auch ohne technischen Overkill mit Bewegung genießen und gestalten. Alles, was ich dazu brauche, ist ein ordentliches Schuhwerk, Wolle, die kühlt und wärmt, und vielleicht ein Rucksack für meine Habseligkeiten. Mehr braucht es nicht zum Glücklichsein.

Homo ludens –
der spielende Mensch

Viele Geschöpfe unter Gottes weitem Himmel sind spielerisch veranlagt. Wenn man einem Wurf junger Hunde in den ersten Lebensmonaten zuschaut, wenn man sieht, wie ausgelassen Fohlen über eine Weide tanzen, wenn man zwei junge Hirsche im Kräftemessen beobachtet, bekommt man eine Ahnung davon. Die Menschenaffen und insbesondere deren Unterart *homo sapiens sapiens*, zu deutsch: der weise, weise Mensch (hätte *ein* »weise« nicht auch gereicht?), haben diesen Wesenszug der Lebewesen besonders ausgeprägt.

Wie stark soziales Lernen schon die »Baummenschen« prägt, kann man erfahren, wenn man einer Gruppe von Berggorillas in den unwegsamen Wäldern Ruandas oder Ugandas folgt. Lernen ist soziales Lernen, und soziales Lernen ereignet sich spielerisch. Leicht. *En passant.*

Bei Kindern ist das nicht anders: Ich erinnere mich an eine Urlaubszeit im Taunus, als wir etwa eine Woche lang nichts anderes gemacht haben, als einen Bach zu leiten, umzuleiten und zu stauen. Uns ist nicht langweilig dabei geworden. Oder das phänomenale Klettergerüst einer Grundschule, das in aller freien Zeit von den Schülern belagert wurde.

Merkwürdig, dass diese Fähigkeit zum freien Spiel den scheinbar erwachsenen, angeblich immer weiseren Menschen mehr und mehr abhandenkommt. Statt uns täglich 30 Kilometer zu bewegen, wie es unserer Savannenherkunft entspräche, statt zu tanzen und zu singen und zu spielen, bei dem wir unendlich viel über uns selbst und unsere Mitmenschen lernen könnten, pferchen wir uns in merkwürdige Ställe, Büros genannt, sitzen Tag für Tag vor einem schwarzen Kasten, Rechner genannt, und fristen so unser Dasein. Und wenn dann endlich die Rente mit 67 kommt, sind wir körperlich und geistig so degeneriert, dass wir auch keinen Pepp mehr aufbringen, unsere Gewohnheiten jetzt noch einmal umzustellen.

Ich denke, es wird Zeit, da wieder umzusteuern: »*Homo ludens!*«, ruft uns Max Frisch zu: Sei ein spielerischer Mensch! Entdecke die Kraft und Leichtigkeit des Spielens für dich.

Die Urlaubszeit ist eine tolle Gelegenheit dafür. Mag der Alltag noch so zugetaktet sein: In der heilsamen Unterbrechung des Alltags, die wir Urlaub nennen, kann alles anders, frisch, neu und vertraut zugleich sein.

Das beginnt bei der ganz schlichten Frage: Was gehört zum Urlaubsgepäck dazu? Leicht und kompakt zugleich ist immer ein großer Satz Karten. Der ist vielseitig und lässt sich für so vieles spielerisch verwenden. Dann vielleicht je nach Geschmack ein Taschenschach oder Backgammon. Da gibt es tolle Reiseeditionen. Und dann gibt es – besonders beim Urlaub mit Kindern – natürlich noch unendlich viele andere Spiele.

Was am Spielen so schön ist: Es konzentriert und entspannt in einem Atemzug. Es ist zumeist eine wunderbare Mischung aus Geschick, Übung und glücklichem Zufall. Man lernt ganz spielerisch mit Niederlagen umzugehen (okay, manche lernen es nie ...). Deshalb ist Urlaubszeit Spielezeit. Zur eigenen Erbauung und zur Geselligkeit mit den Menschen, die uns anvertraut sind.

Durchatmen

Gib dir jeden Tag eine Stunde Zeit zur Stille;
außer, wenn du viel zu tun hast –
dann gib dir zwei.
FRANZ VON SALES, 1567–1622

Erholung beginnt damit, sich einfach hinzusetzen,
(vielleicht auch sich hinzulegen),
sich Zeit zu nehmen und durchzuatmen.
Hilfreich ist es, einengende Kleidung zu lockern,
die Füße gut auf den Boden zu platzieren,
die Hände auf die Oberschenkel zu legen oder in den Schoß,
den Rücken anzulehnen,
den Kopf gerade zu halten
und die Augen zu schließen.

Entspannung beginnt beim Atmen.
Beim tiefen Ausatmen,
vielleicht mit einem Seufzer,
und dem Einatmen durch die Nase.
Beim Ein- und Ausatmen,
beim Spüren, dass es in mir atmet,
ganz von alleine.

Wenn Gedanken ablenken wollen,
zur Abwehr von Konflikten und Sorgen,
hilft es, sich ganz auf das Atmen zu konzentrieren,
beim Einatmen das Wort »ein« zu assoziieren,
beim Ausatmen »aus«.
Einatmen. Ausatmen –
den Atem frei fließen zu lassen
und dabei mehr und mehr zur Ruhe zu kommen.

Nicht mein Wille steuert den Atem,
es ist das Atemzentrum im Gehirn.

Ich lasse seinen Rhythmus zu
und genieße die Ruhe und den Frieden,
die sich einzustellen beginnen.

Ich sitze noch eine Weile da und stelle mir nun vor,
auf einer Brücke zu stehen
und in einen kleinen Bach zu schauen.
Ich beginne, meine Gedanken wahrzunehmen.
Wie Blätter in einem Bach
werden sie herbeigetragen und fließen davon.
Ich sehe im Bach grüne Blätter treiben,
auch gelbe und rote und braune.
Ich nehme sie wahr – und lasse sie los,
so wie ich meine Gedanken wahrnehme – und loslasse.
Wie die Blätter im Bach fließen meine Gedanken davon.
Sie einfach loszulassen ist so entspannend
und wird mir sogar helfen, sie neu zu sortieren.

Ich sitze – und atme.
Eine Zeit, nur für mich,
die ich jederzeit wieder erleben kann,
eine Erfahrung, die ich jederzeit wiederholen kann.

Am Ende meiner Übung
kehre ich langsam vom Durchatmen zurück,
dehne und strecke mich,
recke die Arme in die Höhe,
massiere sanft mein Gesicht,
bevor ich die Augen wieder öffne –
bevor ich mit frischer Energie
ins Tagesgeschehen zurückkehre.[8]

Parkbank, Buch und Sonnenschein

Parkbank, Buch und Sonnenschein
laden zum Verweilen ein.
Auszeit – der Schuss Übermut
tut mir in der Seele gut.

Rosenduft und Eis am Stiel,
dort ein Paar beim Ringelspiel.
Joggen ist groß angesagt,
doch das habe ich vertagt.

Arbeitsberg und nächste Schicht
fallen unter Schweigepflicht.
Tagtraum, Seelenzauberei –
schließlich sind Gedanken frei.

Parkbank, Buch und Sonnenschein,
könnte etwas schöner sein?
Vögel singen – ach ja,
Glück ist manchmal greifbar nah.

Leben ist, von Zeit zu Zeit,
Glücksgefühl und Leichtigkeit.

Eugen Eckert[9]

 ## Das kleine Urlaubsritual

Nehmen Sie sich einfach die Zeit, jeden Tag. Suchen Sie sich einen schönen Ort – im Haus oder im Freien. Setzen Sie sich oder legen Sie sich hin. Und atmen Sie auf. Und atmen Sie durch, vielleicht mit geschlossenen Augen. Genießen Sie es, für eine Weile einfach ein- und auszuatmen.

Ankommen

Ablegen und hinter sich lassen.
Aufatmen und nach vorne sehn.
Am Strand dort weite Wege gehen
und neu den Rhythmus finden
mit Höhen und Tiefen,
mit Ebbe und Flut –
den Rhythmus eigener Gezeiten.

Der Weg ist das Ziel

»Vorsicht am Gleis fünf. Es hat Einfahrt der Eurocity sieben von Hamburg nach Chur. Bitte Vorsicht bei der Einfahrt des Zuges!«

Es gibt verschiedene Wege, um das ersehnte Ziel der Reise zu erreichen. Und manchmal ist schon der Weg das Ziel. Es macht schon einen gehörigen Unterschied, ob am Anfang der Reise eine achtstündige Autofahrt steht, an deren Ende man gerädert das Ziel erreicht, oder eine Bahnreise, die einen gleich in das Gefühl mitnimmt, auf dem Wege zu sein. Entspannt lehne ich mich zurück in das Fauteuil, nebenan kräht ein Zweijähriger auf dem Schoß seiner Mutter, zur Rechten fliegen die rheinhessischen Weinberge vorbei. Urlaub von Anfang an. Meine Aufmerksamkeit ist nicht beansprucht vom Asphalt der Autobahn. Es gibt keine Raser, keine Drängler, keine Chaoten, sondern nur das gleichmäßige Rauschen der Radsätze auf den Schienenwegen. Fast meditativ.

Auch bin ich entspannt in all dem, was ich tun und lassen kann. Einmal in Ruhe Zeitung lesen oder ein gutes Buch. Des Mittags einen gepflegten Schönheitsschlaf halten. Zwischendurch ein Kaffee im Schweizer Speisewagen, der aussieht wie einem James-Bond-Film der Sechzigerjahre entronnen. Gleich kommt Sean Connery um die Ecke. Bahnfahren – das ist die verordnete Form des Müßiggangs. »Dolce far niente«, süßes Nichtstun, von dem schon Georg Büchner in seinem Lustspiel »Leonce und Lena« sprach.

»Müßiggang ist aller Laster Anfang!« So schallt es einem christlich geformten Gewissen sofort entgegen. »Ein Christ ist immer im Dienst!«, posaunte einst der Berliner Bischof Otto Dibelius. Und überschrieb so seine Lebenserinnerungen.

»Der Arme!«, ist man versucht zu sagen. Wer nie dem Müßiggang gefrönt hat, weiß gar nicht, was er verpasst. Kommen einem die besten Ideen nicht dann, wenn man sie gar nicht erwartet? Freilich: Eine Bahnreise beschränkt auch. Ich kann nur das mitnehmen, was ich tragen kann. Beim Ein- und

Ausstieg bin ich auf die Hilfe anderer angewiesen. Am Ziel angekommen, bin ich weniger flexibel. Aber diese Beschränkungen können auch heilsame Schranken sein. Aus dem Überfluss des Alltags konzentriere ich mich auf das Wesentliche. Es passt erstaunlicherweise in zwei Reisetaschen. Ich erfahre, dass andere Menschen mir helfen – selbst wenn ich gar nicht hilfsbedürftig aussehe. Und die Begrenzung des Radius am Zielort muss kein Schaden sein. Manchmal ist weniger mehr. Ich muss nicht jeden Postkartenblick erhaschen.

Die Entdeckung der Langsamkeit entfaltet sich also auf ganz unscheinbare Weise. Manchmal ist es schon die schlichte Wahl eines Verkehrsmittels, die mich entschleunigen kann. Obwohl ich am Ende vielleicht schneller am Ziel bin, als ich es mir erhofft hatte.

Alltag, Urlaub, Fest

Urlaub und Fest liegen nahe beieinander. Während sich der Alltag für die meisten Menschen in einer gewissen Monotonie ereignet – um Sieben das hastige Frühstück, der Arbeitsalltag mit all seinen Ritualen, das Abendbrot zu Hause und der obligatorische Fernsehabend –, ist bei Urlaub und Fest alles anders. Der Urlaub kennt in der Regel keinen Wecker. Der Körper sucht sich seinen natürlichen Rhythmus – und das bedeutet meistens: Der Tag hat 25 Stunden. Man kann länger schlafen (falls einen nicht die senile Bettflucht plagt …) und länger wachen. Abendstunden und Nächte entfalten im Urlaub ihren ganz eigenen Charme.

Im Urlaub ist alles anders. Er ist die Unterbrechung des Alltags, das Gegenläufige, Ungewohnte, Außergewöhnliche. Wenn es von Gott in der biblischen Urgeschichte der Menschheit heißt: Er arbeitete sechs Tage und am siebenten Tag ruhte er, so ist der Urlaub dieser siebente Tag. Das Tagwerk anschauen, sich freuen, Rückschau und Ausschau halten. »Und Gott sah, dass es sehr gut war.« Auch wir brauchen solche Aus-Zeiten, andere Zeiten, Anderländer. Was wäre das Leben in der Wiederkehr des ewig Gleichen?

Ein Indiz für die Heiligkeit, das Anderssein des Urlaubs ist unser ganz persönliches Zeitempfinden: Zu Hause, im Alltag vergeht die Zeit wie im Fluge. Tage schnurren zusammen, Wochen schrumpfen, Monate, ja manchmal Jahre sind ohne bleibende Erinnerung. Im Urlaub hat jeder Tag seine bleibende Erinnerung. Ja, manchmal können wir uns an Jahre erinnern aufgrund der Urlaube, die wir in ihnen erlebt haben. Der große Liedermacher Jim Croce hat das in seiner Ballade »*The secret of time*« besungen. Zeitempfinden, so stellt er fest, ist etwas ganz Subjektives. Die objektive Zeit gibt es vielleicht gar nicht. Ein Augenblick kann eine Ewigkeit sein – und ein Jahr ein Nichts.

Urlauben heißt innehalten. Die Zeit anhalten. Den Fluss umleiten. Und das kann ganz schön anstrengend sein. Ein alter weiser Mann pflegte zu sagen, wenn wir aus dem Urlaub zurückkamen: »Jetzt können Sie sich wieder in Ruhe erholen«. Urlaubsvorbereitung kennt auch stressige Phasen. Am schlimmsten im Flugurlaub oder auf dem Weg zu einer Insel, wenn es darum geht, den Flieger oder die Fähre zu erwischen; oder auf der Autofahrt, wenn es überhaupt nicht vorwärtsgehen will. Oder mit Kindern, die bei Lichte betrachtet gar keinen Urlaub brauchen: Sie leben im Hier und Jetzt.

Ich verstehe dich trotzdem

Eigentlich haben wir Urlaub. Doch um 5.30 Uhr weckt mich unser kleiner Sohn. Mit einem Märchenbuch steht er vor mir am Bett. Draußen ist es noch dunkel. Ich schaue auf die Uhr und stöhne: »Kind, es ist noch viel zu früh. Wir müssen uns noch ausruhen!« Befremdet antwortet das Kind: »Papa, ich habe schon wach gelegen und extra gewartet, damit du ausschlafen kannst.« Energisch öffnet er sein Buch und hält es mir hin. Als ich anmerke: »Mir fallen aber noch dauernd die Augen zu«, antwortet der Zwerg: »Du kannst beim Vorlesen ruhig gähnen – ich verstehe dich trotzdem.«

Die ganz normale De-Pression

Es ist immer wieder eine ähnliche Erfahrung: Man freut sich wie ein Schneekönig auf den Urlaub, träumt von der schönsten Zeit des Jahres – und dann passiert es: Kaum fängt der Urlaub an, fängt man sich eine Erkältung oder eine Grippe. Oder – fast noch ärgerlicher: Die Laune sinkt auf den Nullpunkt. So häufig, wie das eine oder andere passiert, kann das kein Zufall sein. Ja mehr noch: Vermutlich ist es eine ganz normale Reaktion des Menschen auf die übermäßige Anspannung, den »ganz normalen Wahnsinn« unserer Tage. Eine gute Weile hält der Mensch den Stress, den Druck, die Anspannung des Alltags aus – aber kaum lässt dieser nach, sucht sich der Körper oder auch der Geist seine Form der Ent-Spannung.

De-Pression heißt wörtlich: Die Pression, der Druck lässt nach. Es ist wie bei einem Reifen, bei dem das Ventil geöffnet wird. Der erste Schritt heißt darum zunächst einmal: dies wahrzunehmen, anzuerkennen und auszuhalten.

Bei der körperlichen Krankheit mag das noch einigermaßen leichtfallen. Aber was ist, wenn auch der Partner oder die Freundin im Urlaub plötzlich unausstehlich wird? Da fährt man schon in die Berge, die Sonne scheint, der Schnee glitzert, alles scheint bestens – und dann diese miesepetrige, grantige, schweigsame, latent aggressive Stimmung! Das sind die typischen Anzeichen einer depressiven Verstimmung. So lange hat man auf 180 Prozent gearbeitet – und nun ist die Luft raus. Und hier nun merkt es ja keiner: nicht die Kollegen, auch nicht der Chef. Hier kann ich mich nun also so richtig gehenlassen.

Wohl dem, der das mit Fassung tragen kann. Der diese Zeit irgendwie durchsteht. Und der seinem Partner dann ein bisschen Zeit gibt – ohne diese Launigkeit auf sich zu beziehen. Zugegeben: Es ist nicht leicht …

Heilige Räume oder: Suche den Ort, an dem die Einheimischen sich verirren

Wohl selten sind wir so geistig, geistlich, spirituell empfänglich wie in der Urlaubszeit. Im Alltag geht alles seinen gewohnten Gang, alles ist »gewöhnlich«. Dazu gehört, dass wir Heutigen uns immer weniger Zeit für unser geistliches Leben nehmen. Zwar gibt es eine Gegenbewegung, etwa im Boom der Pilgerwege, der Angebote an Meditation, der geistlichen Dimension des Singens, doch schaffen es auch diese alten neuen Übungen bislang selten in unseren Alltag hinein. Die Beschleunigung und Verdichtung des Lebens hält an, die alles übertönende Macht des Wirtschaftens fordert ihren Tribut: Gott oder Mammon.

Da tut es gut, den Urlaub als eine Zeit des Entschleunigung zu nutzen. Und ein Teil dessen ist es, die Kraft starker geistlicher Orte zu entdecken. Im Kern tickt nahezu jeder europäische Ort von seiner geistlichen Mitte her. Würde man ein Kind ein Dorf malen lassen, gehörte der Kirchturm sicherlich dazu. Diese geistliche Mitte mag verschüttet sein – wie etwa bis vor kurzer Zeit die Frauenkirche in Dresden. Sie mag sich in erbärmlichem Zustand befinden – wie in Teilen Osteuropas nach Jahrzehnten der Kirchenfeindlichkeit. Sie mag zweckentfremdet sein – als Schwimmbad wie in St. Petersburg oder als Kulturzentrum wie in großen Teilen Mitteldeutschlands. All das aber mag einem wirklich starken geistlichen Ort kaum etwas anhaben.

Vor Jahrhunderten haben unsere Vorfahren nach den wirklich starken Orten Ausschau gehalten. Teils gehen diese Orte sogar noch auf germanische (Baum-)Heiligtümer zurück. Die Mönchsorden, besonders eindrücklich etwa die Reformbewegung der Zisterzienser, haben lange geprüft, an welchen Orten sie ihre Klöster errichten wollen. Mögen die Klöster auch lange nicht mehr aktiv sein, wie zum Beispiel Kloster Eberbach im

Rheingau (von Napoleon säkularisiert) oder Kloster Loccum (seit der Reformation protestantisch) – die Kraft ihrer geistlichen Ausstrahlung bleibt.

Diese Orte werden selbst von den Einheimischen häufig nicht mehr wertgeschätzt. Achtlos gehen sie an ihnen vorüber, so wie kein Frankfurter das Goethe-Haus besucht, dafür aber Horden von japanischen Touristen. Umso mehr ist es Zeit, diese geistlichen Schätze in einer Urlaubszeit zu erschließen.

In dieser Welt baust du dein Haus

In dieser Welt
baust du dein Haus,
das nicht von dieser Welt ist.

Weit sind die Räume,
offen die Tür –

und wer mit einzieht,
ist zu Hause bei dir,
Gott, bei dir.

Eugen Eckert[10]

The Dancing Saints

In den Augen aller Menschen wohnt eine unstillbare
Sehnsucht.[11]

ERNESTO CARDENAL (*1925)

Wohin wir im Leben auch reisen – der Besuch der Kirchen vor
Ort gehört immer zum Programm. Wenn es geht, auch in Ver-
bindung mit einem Gottesdienst. Es macht einen großen
Unterschied, schweigsam durch eine leere oder mit wenigen
Touristen gefüllte Kirche zu streifen oder im Licht brennender
Kerzen mit einer lebendigen Gemeinde zu singen und zu
beten. Und es hinterlässt deutlich tiefere Spuren, an einen Altar
zu treten, der mit frischen Blumen geschmückt und mit Brot
und Wein gedeckt ist, als nur vor einer leeren Tischplatte zu
stehen.

Wenn es stimmt, dass wir überall Gott suchen, »auf Festen
und Orgien und Reisen, in Kinos und Bars«, wenn Ernesto
Cardenal mit dem Gedanken Recht hat, dass »in den Pupillen
der Menschen aller Rassen, in den Blicken der Kinder und
Greise, der Mütter und liebenden Frauen« und selbst »in den
Augen des Polizisten und des Angestellten, des Abenteurers
und des Mörders, des Revolutionärs und des Diktators und in
denen des Heiligen ... der gleiche Funke unstillbaren Verlan-
gens wohnt, das gleiche heimliche Feuer, der gleiche tiefe
Abgrund, der gleiche unendliche Durst nach Glück und Freude und Besitz ohne Ende«[12], dann brauchen unsere Augen,
dann verlangen alle unsere Sinne nach Speise und Trank.
Darum sind verschlossene Kirchen, bei allem Verständnis für
zu schützende Kunstobjekte, ein Gräuel, weil sie die Menschen
vor der Tür hungrig und durstig stehen lassen.

Meine Familie und ich lassen uns nicht leicht abspeisen und
versuchen, in jede Kirche hineinzukommen. Zur Not fragen
wir uns so lange durch, bis wir jemanden zum Aufschließen
finden. Oft haben sich daraus hochinteressante und gute
Gespräche ergeben. Und manchmal schon haben wir dieser

Beharrlichkeit eine ganz persönliche Kirchenführung verdankt.

Mir selbst geht es bei einer ersten Begegnung mit einem Kirchenraum selten darum, in kürzester Zeit alle Fakten erfassen zu wollen, die Phasen der Baugeschichte, die Disposition der Orgel, die Kreise und Gruppen der Gemeinde. Das alles kann ich später nachlesen. Ich möchte eher wissen, was diesen Raum kostbar macht, wodurch er sich eignet, den Hunger und Durst von Menschen zu stillen. Darum suche ich mir gerne die Stelle, die mich am meisten anspricht, an der ich für Augenblicke gerne verweilen möchte. Dort bleibe ich stehen, dort setze ich mich hin, lasse auf mich wirken, was ich sehe, was ich höre, was mir durch den Sinn geht. Manchmal stimme ich ein Lied an, weil ich mich von der Raumakustik berauschen lassen möchte. Manchmal spreche ich ein Gebet, bitte für Menschen, die mir am Herzen liegen, danke für gute Erfahrungen, die ich mache. Und auch Kerzen zünde ich dort an, wo das möglich ist.

Es gibt Kirchen, in denen ich stundenlang verweilen möchte. Zu ihnen gehört die *St. Gregory of Nyssa Church* in San Francisco. Hier hat der afro-amerikanische Ikonograph Mark Dukes von 1997-2008 atemberaubende Kunst geschaffen.[13] In zwei Kreisen tanzen, überlebensgroß, 88 Heilige in der Kuppel der Kirche über dem Altar. In deren Zentrum führt Christus die lange Reihe als »*Lord of the Dance*« an. Wer zu ihm gehört, hat die Gemeinde selbst entschieden. Und so tanzt Martin Luther Hand in Hand mit Mahatma Ghandi, gefolgt von John Coltrane mit seinem Saxophon, dem Anne Frank, König David, William Shakespeare, Charles Darwin und Ella Fitzgerald folgen. »*We celebrate those whose lifes show God at work, building a deep character to match the Godlike image which stamps them as God's own from the start*«, heißt es in der Begründung für diese verblüffende und originelle Auswahl von Heiligen der Menschheitsgeschichte.

»Ich glaube an die Gemeinschaft der Heiligen«, bekennen wir im dritten Artikel unseres Glaubensbekenntnisses. Dass diese Gemeinschaft von Menschen, die beispielhaft Heilendes und Heilmachendes in die Welt gebracht haben, so etwas wie der rote Faden ist, der die Geschichte der Christenheit durchzieht, machen die »Dancing Saints« in St. Gregory's exemplarisch deutlich.

Kein Wunder, dass sich die feiernde Gemeinde in jedem Gottesdienst den tanzenden Heiligen über ihren Köpfen anschließt und im Schreittanz zum Tisch des Herrn zieht und tanzend auch die Erfahrung der Stärkung und der Gemeinschaft feiert.

 ## Das kleine Urlaubsritual

Kirchen sind Orte der Begegnung mit dem Heiligen und Zeitzeugen der Bau- und Kunstgeschichte durch Jahrhunderte. Nutzen Sie darum die Möglichkeit, Kirchen an ihrem Urlaubsort zu besuchen. Vielleicht reicht es schon, einen Moment lang der Atmosphäre nachzuspüren, oder sich auf ein Bild, eine Skulptur, ein Fenster einzulassen. Wenn Ihnen danach ist, singen Sie ein paar Takte, auch um die Akustik zu genießen. Oder Sie lassen sich für Augenblicke überwältigen von der Größe eines Kirchenschiffes. Seit dem Mittelalter und bis in die Gotik wollten die Baumeister den beengt wohnenden Menschen eine Ahnung von der Größe und Weite des Himmelreiches vor Augen stellen.

Weißt du, wie viel Sternlein stehen?

Es vergeht kein Tag, an dem nicht Scharen von Besuchern in die Alte Inselkirche auf Spiekeroog strömen. Kaum steht die Tür auch nur einen Spaltbreit offen, treten Menschen ein – ganz gleich, zu welcher Tageszeit. Seine Anziehungskraft verdankt das älteste erhaltene Gotteshaus auf einer ostfriesischen Insel gleich mehreren Faktoren.

So erzählt die kleine Kirche von 1696 Geschichte und Geschichten aus Zeiten lange vor jedem Inseltourismus. Einige verblasste und verwitterte Grabsteine auf dem alten Friedhof um sie herum erinnern an lebensbedrohliche Herbststürme, an Schiffe in Seenot und dramatische Rettungsversuche, damals noch mit Ruderbooten.

Drei in kunstvoller Handarbeit gefertigte Schiffsmodelle von Seglern des 19. und 20. Jahrhunderts hängen im Mittelgang von der Decke und zeigen staunenden Kindern und Erwachsenen, womit die Kapitäne im Winter ihre Zeit verbrachten, wenn es so kalt war, dass sie mit ihren richtigen Schiffen nicht auslaufen konnten.

Den Schalldeckel und Sockel der Renaissancekanzel aus dem 16. Jahrhundert zieren plattdeutsche Bibelsprüche: »Salich sind de dat Wort Gades hören unde bewahren (Lucas XI).« So klingt die Muttersprache der Menschen hier, die durch Jahrhunderte an diesem Ort ihre geistliche Heimat gefunden haben – von der Wiege bis zur Bahre.

Und daneben, überraschend für eine evangelische Kirche, wird eine Pieta ausgestellt, eine Darstellung der Maria, die ihr Kind, den vom Kreuz genommenen toten Jesus, voller Schmerz in ihrem Schoß hält. Diese Pieta, so wird vermutet, stammt von einem Flaggschiff der spanischen Armada. Bereits 1588, nach der verlorenen Seeschlacht gegen England, könnte das Schiff vor Spiekeroog gestrandet sein.

Geschichte und Geschichten führen die Menschen in großer

Zahl in der Alten Inselkirche zusammen, auch zu den Abendandachten im Kerzenschein. Nachdem wir eine dieser Andachten mit dem Lied »Weißt du, wieviel Sternlein stehen?« beendet hatten, war der alte Dorfschullehrer in der Kirche zurückgeblieben und hatte geduldig auf mich gewartet, bis ich alle Menschen an der Tür verabschiedet hatte. Dann führte er mich zum Altar und deutete nach oben. In diesem Augenblick nahm ich zum ersten Mal die blaue Decke wahr, von der goldene Sterne funkeln. »Dieser Sternenhimmel«, begann Meppe zu erzählen, »stammt von dem Spiekerooger Malermeister Otto Sander. Wie gut, dass es ihn gibt. Denn als Kinder, wenn der Gottesdienst für uns langweilig wurde, hatten wir etwas zu tun. Wir haben zu zählen versucht, wie viele Sternlein alleine in unserer Kirche über uns stehen. Aber ich muss dir gestehen: Keiner von uns kann mit Sicherheit sagen, wie viele es sind.«

Und nun erfahre ich von Meppe auch, wie wichtig ihm von Kindesbeinen an das kleine Lied aus dem Jahr 1837 ist, das Pfarrer Wilhelm Hey zu einer Volksliedmelodie gedichtet hatte. »Weißt du«, sagt er, »ich habe meine Mutter früh verloren. Meine Kindheit endete abrupt, weil ich von da an Verantwortung für meine jüngeren Geschwister tragen musste. Und als junger Mann wurde ich eingezogen und musste in diesen fürchterlichen Krieg. In all diesen schweren Momenten, wann immer ich mich fragte: ›Wer sorgt für mich? Wo gehöre ich hin? Wo bin ich, wo sind wir letztlich aufgehoben?‹, hat mich der Blick zum Sternenhimmel getröstet, und dieses Lied, das ja mit den Worten endet: ›Kennt auch dich und hat dich lieb‹.«

Seit jenem Abend erzähle ich diese Geschichte weiter: vom Sternenhimmel in der Alten Inselkirche auf Spiekeroog, von dem unendlich weiten Sternenzelt über uns, von den unzähligen Menschen um uns her und der Gewissheit, dass die Zusage Gottes jeder und jedem Einzelnen von uns gilt: »Kennt auch dich und hat dich lieb.«

Psalmen essen

Die Psalmen sind für mich eins der wichtigsten Lebensmittel.
Ich esse sie, ich trinke sie, ich kaue auf ihnen herum.
Manchmal spucke ich sie aus,
und manchmal wiederhole ich mir einen mitten in der Nacht.
Sie sind für mich Brot.
Ohne sie tritt die spirituelle Magersucht ein,
die sehr verbreitet unter uns ist
und oft zu einer tödlichen Verarmung des Geistes und des
Herzens führt.
DOROTHEE SÖLLE (1929–2003)[14]

Im Urlaub lese ich viel, vor allem Krimis. Aber auch die kleine Taschenbibel gehört zu meinem Reisegepäck. Jeden Tag einen Psalm zu lesen gehört zu den Dingen, die ich mir vornehme – irgendwann im Laufe des Tages, egal, ob vor dem Frühstück oder vor dem Schlafengehen.

Ich lese meinen Tagespsalm laut, achte auf den Klang seiner Worte, auf seine Sprachmelodie. Psalmen sind Lieder der Bibel. In ihnen haben Menschen bereits vor Tausenden von Jahren ausgedrückt, was sie freute und was sie ängstigte, was sie erhofften und was sie beklagten.

Ich verstehe meinen Psalm als ein Formular, in das ich meinen Namen eintrage, mein Geburtsdatum und meine Adresse. Ich lese ihn, weil ich davon ausgehe, dass es in ihm auch um mich geht, meine Freude und meinen Schmerz, mein Glück und meine Ängste, meine Erde und meine Bäume, mein Leben und alles, was ich liebe.

Ich finde Geschmack an meinem Psalm, indem ich mich nicht bei dem aufhalte, was ich eigenartig an ihm finde, unverständlich, bisweilen vielleicht sogar bösartig.

Ich wähle den anderen Weg: Suche mir jene Sätze aus, die mich ansprechen, die mich faszinieren, von denen Kraft ausgeht, die auf mich übergeht.

Diese Sätze wiederhole ich mir. Sie nähren Leib und Seele.

Sie schmecken nach dem Brot Gottes, gebacken auf dem heißen Stein des Lebens.

Meinen eigenen Psalm zu finden, das ist eine Lebensaufgabe, eigentlich zu groß für mich. Aber ich spüre, wie mich diese Aufgabe wachsen lässt, wo immer ich mich ihr stelle und nachgehe.

Ich lerne an ihr, nicht nur zu essen, sondern auch Brot zu backen, zu zehren von denen, die vor mir waren, die vorgesorgt haben, und bereitzustellen für die, die nach mir kommen, mit ihrem Hunger und ihrem Durst.

 ## Das kleine Urlaubsritual

Probieren Sie es einfach aus, das tägliche Lesen eines Psalmes. Fangen Sie mit denen an, die zum Urgestein unseres Glaubens gehören: die Psalmen 23, 36, 91, 96, 100, 103 und 104. Das sind sieben Psalmen – Ration für eine Woche. Und entdecken Sie Vers für Vers, wie viele Erfahrungen wir mit den Menschen teilen, die 3000 Jahre vor uns lebten. Und erleben Sie, wie gut es tun kann, auf die Worte anderer bereits zurückgreifen zu können, um eigene Freude oder eigenes Leid ausdrücken zu können. Psalmen sind Lieder. Sie können helfen, die eigene Lebensmelodie zu singen.

Wie ein Baum, gepflanzt an Wasserbächen

Ein Glückwunsch dem Menschen,
der nicht dem Rat von Gottlosen folgt,
noch in der Runde der Spötter sitzt,
sondern Lust hat an der Weisung Gottes
und aus ihr Kraft schöpft,
bei Tag und bei Nacht.

Der ist wie ein Baum,
gepflanzt an den Wasserbächen,
der seine Frucht bringt zu seiner Zeit,
und dessen Blätter nicht verwelken.
Was er auch tut,
gerät ihm wohl.

Nicht so die Frevler.
Sie sind wie Spreu,
die der Wind verweht.
Darum bestehen sie nicht im Gericht
und auch nicht in der Gemeinde der Gerechten.

Denn Gott gibt Acht auf den Weg der Gerechten,
der Gottlosen Wandel aber führt ins Verderben.

Psalm 1

Der aufrechte Gang

Der Mensch ist ein Steppentier. Unsere Vorfahren, nach denen wir evolutionsbiologisch gebaut sind, durchstreiften die Savannen Afrikas. Und wer jemals die Gelegenheit hatte, in Ruanda oder Uganda einer Horde Berggorillas zu folgen, weiß, wovon ich spreche: immer in Bewegung, immer unterwegs. Die frühen menschlichen Kulturen haben das als Jäger und Sammler ebenfalls noch eingeübt.

Dann wurde der Mensch »sesshaft« – im wahren Sinne des Wortes. Neben dem Gehen und Laufen, neben dem Liegen zum Schlaf erfand er für sich das Sitzen. Und während unsere Großeltern noch bestenfalls zum Essen oder des Abends sich setzten, ist es heute die vorherrschende Tätigkeit des Zeitgenossen geworden: Wir sitzen uns durchs Leben.

Kaum aufgestanden, setzen wir uns zum Frühstück, setzen uns ins Auto, setzen uns ins Büro, sitzen vor dem Computer, sitzen in der Bahn, sitzen in »Sitzungen« und sitzen dann des Abends vor dem Fernseher oder Computer, bevor wir ins Bett gehen.

Zugegeben: Dies ist eine verstärkt männliche Perspektive. Vielen Frauen gelingt es noch besser, sich in Bewegung zu halten.

Dass eine solche Lebensweise nicht gesund sein kann, leuchtet unmittelbar ein. Und Körper und Geist spiegeln dies Problem ständig wider. Der Körper, indem er rebelliert gegen eine so unnatürliche und ungesunde Lebensweise. Der Geist, indem er anfällig wird etwa für Depressionen, die moderne Volkskrankheit.

Wenn uns schon der Alltag häufig in solche Bahnen zwingt, ist der Urlaub die beste Möglichkeit, sich aus dem Trott der allgegenwärtigen Sitzungen zu lösen. Das kann – bei den Frühaufstehern – schon am frühen Morgen beginnen. Es gibt vielleicht kaum etwas Schöneres, als den Tag mit einem morgendlichen Lauf zu beginnen. Es ist noch still, die Sonne blinzelt hinter den Bäumen hervor, die Luft ist frisch und alle Sinnesorgane sind noch ganz unberührt.

Welche Gangart man dabei einschlägt, ob man läuft oder geht, ist ganz nebensächlich. Wichtig ist das »in Bewegung sein«.

Reizvoll ist es auch, diesen Lauf noch vor dem Frühstück, dem *Break-Fast*, also dem Fasten-Brechen zu beginnen. Der Körper ist noch gar nicht auf Nahrung eingestellt, und es kümmert ihn auch nicht, ob etwas im Magen ist oder nicht. Und dass in dieser Lage mehr Fett abgebaut wird denn je, mag dem einen oder anderen ein willkommener Nebeneffekt sein …

Interessant ist es, sich einmal beim Laufen genauer in Augenschein zu nehmen. Aus dem Alltagstrott kommend, haben wir uns häufig eine recht obskure Körperhaltung angewöhnt. Da ist wenig Spannung in uns, die Beine schlurfen, der Kopf sitzt in recht seltsamen Haltungen, nach vorne, nach hinten, nach oben, nach unten versetzt. Es lohnt sich, da mal in sich hineinzuhorchen.

Eine große Hilfe kann es sein, einmal verschiedene Gangarten auszuprobieren. Mal heben die Füße stärker ab, mal weniger stark. Mal senke ich den Kopf, mal halte ich ihn aufrecht. Allein schon eine andere Armhaltung, etwa, wie man sie von professionellen Gehern kennt, angewinkelt, kann Wunder an Körperspannung bewirken.

Das alles mag einem im ersten Moment seltsam vorkommen, weil ungewohnt, aber es hilft zu einem ganz neuen Lauferlebnis. Ich nehme den Boden, die Luft, die Umgebung auf neue Weise wahr.

Interessant, dass sich gerade beim Laufen oftmals auch ganz neue Perspektiven entwickeln. Bei den alten Griechen gab es eine Philosophenschule, die sich die *Peripatetiker* nannten. Das waren Menschen, die ihre philosophischen Gedanken nie beim Sitzen entwickelten, sondern indem sie miteinander umhergingen. Und vielleicht kennen Sie das auch von sich selbst: Die wirklich neuen, kreativen Einfälle kommen selten vor dem Rechner am Schreibtisch, sondern meistens dann, wenn man sie gar nicht erwartet. Der aufrechte Gang durch einen Laubwald kann dabei eine große Hilfe sein.

Den Morgen begrüßen

Manchmal
sitze ich einfach da
und pfeife vor mich hin.
Das will sagen:
Ich freue mich an dem, was ist.
Und bin gespannt auf das, was kommt.

Morgenstund hat Gold im Mund

Meine Familie hält mich für verrückt! Für sie gibt es am Morgen nichts Schöneres, als sich genüsslich im Bett zu wälzen, noch ein bisschen zu kuscheln und den Tag ganz langsam angehen zu lassen. Ich dagegen bin ein Liebhaber des frühen Morgens, und zwar draußen vor der Tür. Manchmal erzähle ich meiner Familie, wie viele wunderbare Sonnenaufgänge sie schon verpasst hat. »Morgenstund hat Gold im Mund!«, schwärme ich. »Wer länger schläft, bleibt auch gesund!«, schallt es zurück. Also gehört der Morgen mir – auch in Zukunft.

Mit meiner Lust am noch ganz jungen Tag möchte ich übrigens nicht so gerne in die Schublade der »senilen Bettflucht« gesteckt werden. Schließlich flüchte ich nicht, sondern suche ein mir wesentliches Vergnügen, einen Genuss, den ich auf meiner Insel mit nicht so vielen Menschen teile.

Wenn ich aus dem Haus trete, hat erstes Licht das tiefe Schwarz der Nacht längst gehoben. Die Landschaft zeigt schon Konturen. Auch die Farben der Bäume, Büsche und Blumen lassen sich erahnen. Dennoch wird noch eine ganze Weile Nachtruhe herrschen – anders als in unserer Stadt, die zu keiner Zeit vollständig verschnauft. Kein Mensch ist unterwegs. Keine Elektrokarre poltert durch die Gassen. Nur ein paar Fasane erschrecken sich, als ich schon fast auf sie getreten bin. Sie jagen ungelenk davon und verstecken sich eher schlecht zwischen Sanddorn- und Wildrosenbüschen.

Schnellen Schrittes zieht es mich nach Westen. Mein Ziel ist es, am Westend anzukommen, ehe die Sonne aufgeht. Dort, wo »Laramie« liegt, will ich aus dem Schutz des Dorfes und der Dünen hinaustreten, um am Strand Richtung Osten der Sonne entgegenzugehen. Die Luft riecht betörend gut. Man könnte süchtig danach werden, hier ein- und auszuatmen. Segelboote liegen fest vertäut im Hafen. Daneben wiegen Wellen glucksend die behäbige Fähre. Nicht mehr lange, und am Anleger wird es wieder wuseln und wimmeln. Noch aber herrscht Ruhe und wohltuende Stille.

Vor meinem Aufbruch hatte ich noch das Büchlein mit den Herrnhuter Losungen in die Hand genommen. Ich empfinde es als anregend, solche Wege mit einem biblischen Impuls zu beginnen. Und ich kenne auf der ganzen Welt Menschen, die Tag für Tag diese geistliche Anregung suchen, nach dem Aufstehen, vor dem Frühstück, irgendwann im Laufe des Tages oder vor dem Schlafengehen. Eine beeindruckende Vorstellung ist es, dass auf diese Weise zu jeder Zeit ein Netzwerk guter Gedanken und tief gehender Gebete existiert.

Die Losung steht an diesem Tag bei Jesaja und ist grandios für mein Vorhaben. »Schau nur«, lese ich, »Finsternis bedeckt die Erde und dunkle Wolken die Völkerschaft. Aber über dir wird Gott aufstrahlen, Gottes Glanz wird über dir sichtbar« (Jes 60,2).

Ich schaue mich um. Auf dem Meer draußen entdecke ich an ihren Positionslichtern zwei Kutter, die offenbar ihren Heimathafen ansteuern. Sie kehren wahrscheinlich vom Fang zurück. Und mir wird klar, dass für die Mannschaft an Bord die Nacht so viel früher zu Ende gegangen sein muss als für mich. Möwenschwärme folgen den Schiffen, angezogen von der Aussicht, dass Nahrung auch für sie von dort abfallen könnte.

Weit verteilt über das Weideland stehen fast unbeweglich die Islandponys. Ihr Frühstück besteht aus saftigem Gras, das sie reichlich finden, ohne sich viel bewegen zu müssen. Ein paar von ihnen heben den Kopf, als sie mich wahrnehmen. Die meisten aber interessiert der kleine Mensch, der da still am Zaun ihrer Koppel entlangstreicht, nicht im Geringsten.

Für eine Weile folge ich den Schienen der bereits 1981 stillgelegten Inselbahn. Im ausgehenden 19. Jahrhundert, als das Baden in der Nordsee für den Tourismus erfunden wurde, hatte man hier Gleise für eine Pferdebahn gelegt, um zunächst eine bequeme Verkehrsverbindung zwischen Dorfkern und dem separat gelegenen Herrenbadestrand vorzuhalten. Und die heute legendäre Kneipe »Laramie« hatte seinerzeit als Warmbadeanstalt begonnen, damit Gäste auch bei schlechtem Wetter vergnügt im Meerwasser plantschen konnten: in eigens dafür aufgestellten Wannenbädern. Rund sechs Jahrzehnte später hatten die Pferde ausgedient. Die älteste Pferdebahn Deutschlands stellte 1949 ihren Dienst ein, und Dieselloks zogen von nun an unzählige Gäste und ihr Gepäck über drei Stationen bis zum Inselbahnhof.

Ich muss daran denken, wie viele Tränen ich dort fließen sehen habe. Freudentränen über die wohlbehaltene Ankunft und das lang ersehnte Wiedersehen. Und Abschiedstränen zum dann doch abrupten Ende von leichtfüßigen und verliebten Sommertagen. Ich muss daran denken, wie viele Schwüre hier gesprochen und dann doch gebrochen wurden, weil das Leben zu Hause wieder anderes in den Vordergrund rückte als das beim Abschiednehmen Wichtigste.

»Schau nur«, höre ich Jesajas Stimme in mir. Erinnere dich, nicht nur an die schönen Momente, sondern auch an das Schmerzliche, das Chaos der Gefühle, die diesen Ort einmal ausgemacht haben. Aber vergiss dabei nicht, dass Gottes Licht immer wieder über dir gestrahlt hat, wie ein Sonnenaufgang ist, der die Dunkelheit durchbricht, der die Nacht beendet. Das ist Teil des Schöpfungsgeschehens, erzählt die Bibel, dass Gott das Tohuwabohu beendet und wir Licht am Ende des Tunnels sehen.

Ich komme am Strand an, als der Tag anbricht. Der Horizont wird hell, dann rot. Wie ein Feuerball erhebt sich die Sonne aus dem Wasser, taucht die Dünen und den Strand in goldgelbes Licht. Feine Wellen, silbern gekräuselt, tanzen vor meinen Augen, und es beginnt spürbar wärmer zu werden. »*Morning has broken*«, höre ich mich singen, und »*mine is the sunlight, mine is the morning, born of the one light Eden saw play*«.

Unbändig ist die Lust, sich zu recken und zu strecken, zu hüpfen, zu rennen, mitzutanzen mit den Wellen. Für einen Moment ist Eden da, das Paradies. Ich werfe die Kleidung von mir. Der Wind umschließt mein ganzes Sein und wenig später das Wasser. Salz verteilt sich auf meiner Haut. Ich tauche unter und tauche auf. Wie neugeboren fühle ich mich in dieser Morgenstunde voller Gold.

Bewusst den Tag beginnen

Im Alltag des Lebens muss es für viele Zeitgenossen heute reichlich schnell gehen. Kaum hat der Wecker geklingelt, geht es zackzack ins Bad, nach Katzenwäsche in die Küche, nach Instantmüsli zur Arbeit. Auch wenn ein solch hektischer Beginn schon im Alltag kaum ratsam ist: Im Urlaub muss er schon gar nicht sein.

- Bewusst aufwachen.
  Noch bevor ich meine Augen öffne und damit mein Hauptsinnesorgan die Führung übernimmt, ist es schön, den Tag langsam auf mich zukommen zu lassen. Wo bin ich? Welches Lied singen mir die Vögel? Was mag der Tag für mich bereithalten? (Marcel Proust hat das in seinem Jahrhundertroman »Auf der Suche nach der verlorenen Zeit« unnachahmlich in Worte gefasst.)
- Die Augen öffnen.
  Welche Morgenstimmung eröffnet sich mir? Wie ist das Licht gestaltet, das sich mir erschließt? Regnet es? Scheint die Sonne? Wie spät mag es wohl sein?
- Einem Morgenimpuls Raum geben.
  Nicht nur Nonnen und Mönche beten, wenn ein neuer Tag beginnt. Franziskus von Assisi hatte seinen Sonnengesang, Martin Luther seinen Morgensegen. Diese Praxis ist den zeitgenössischen Menschen etwas verloren gegangen. Aber wieso eigentlich nicht sie wieder entdecken? Es muss ja nicht gleich ein selbst komponiertes Gebet sein. Aber ein winziger Vers, eine Strophe, eine Liedzeile gibt meinem Tag Richtung und Halt. Legendär etwa die Losungen der Herrnhuter Brüdergemeine oder Jörg Zinks »Worte für jeden Tag«. Weniger ist auch hier mehr. Es geht nicht um die Lektüre eines schwierigen Kapitels, sondern nur um einen kleinen, hörbaren Impuls.
- Aufstehen.
  Der Volksmund spricht nicht umsonst davon, jemand sei mit dem »falschen Bein« aufgestanden. Noch bevor ich aufstehe,

mache ich eine kleine, unaufwendige Morgengymnastik im Bett. Recke mich, strecke mich, dehne mich, hole Sauerstoff in meine Lungen. So gehe ich ganz anders in den Tag.

■ Die Stimme wecken.

Alles am Morgen will behutsam, sorgsam, achtsam gestaltet sein. »Ich werde jeden Morgen wieder neu geboren«, pflegte der große Cellist Pablo Casals zu sagen. Das gilt auch für die Stimme. Ein herzhaftes Gähnen. Und ein leichtes, leises Hauchen und Summen – so mag die Stimme langsam wach werden. So etwa, wie man das in den Einsingübungen eines guten Chores erleben kann.

■ Morgengymnastik.

Ja, ja: Es klingt so altbacken. Und ist doch so hilfreich. Die meisten Menschen bräuchten keine artifiziellen Muckibuden für Bizeps und Waschbrettbauch, sondern einfach nur ein wenig mehr alltägliche Bewegungsübung. Da hatte die Freiluftbewegung vor 100 Jahren schon Recht. Bücher und Videos dazu sind Legion. Aber das braucht es gar nicht. Jeder kennt noch aus Jugend und Sportverein genügend einfache Übungen vor dem Duschbad …

Und dann flugs in den Tag …

 ## Das kleine Urlaubsritual

Finden Sie Ihren Weg, den Morgen zu begrüßen. Ein neuer, weiter Tag liegt vor Ihnen. Nutzen Sie seine Chancen von Anfang an – um genussvoll langsam aufzuwachen oder noch ein bisschen zu kuscheln; um spazieren zu gehen oder gar zu joggen. Um sich am Duft von Kaffee und frischen Brötchen zu freuen. Um ein Lied zu singen. Der Philosoph Seneca schreibt: »Nimm jeden Tag als ein Leben für sich.« Es gibt so viel Schönes zu erleben – vom Aufgang der Sonne bis zu ihrem Niedergang.

Kaffeehauskultur

Seit die Türken 1617 vor Wien standen und als faszinierenden Teil orientalischer Kultur den Kaffee einführten, ist er aus unserer Kultur nicht mehr wegzudenken. Spätestens mit dem Siegeszug der italienischen Küche in den Neunzigerjahren und der mit ihr verbundenen Lebensart findet sich fast in jeder häuslichen Küche ein Instrument, das sich Espressomaschine nennt. An jeder Straßenecke gibt es den Kaffee an der Bar. Mc Donalds mit Fast Food und ein Kaffee im Stehen scheinen sich vorzüglich zu vertragen.

Die alte traditionelle Kaffeehauskultur hat mit solcherlei Errungenschaften der schnelllebigen Moderne wenig zu tun. Ein Besuch in einem echten Café braucht Zeit, Muße, Gemütlichkeit. Zwei Stunden sind im Flug vergangen. Sehen und gesehen werden. Die Lektüre der neuesten Zeitungen am hölzernen Stab. Ein gepflegtes Gespräch mit bekannten oder unbekannten Nachbarn.

Darin wird schnell deutlich, weshalb die wahren Kaffeehäuser vom Aussterben bedroht sind. Wer sich stundenlang an einem Einspänner festhält, trägt wenig zum Umsatz bei. H&M ist allemal zahlungskräftiger und umsatzstärker als das beste Kaffeehaus.

Ein solches Café ist ein Ort starker geistiger Ausstrahlung. Die Literaturgeschichte wäre anders verlaufen, wenn nicht die Autoren wieder und wieder das Café als einen starken Ort geistiger Inspiration erlebt hätten. Goethe und Schiller am Frauenplan in Weimar, Arthur Schnitzler und Robert Musil in Wien, James Joyce in Triest, Thomas Bernhard und sein Bräunerhof. Eine Legende reiht sich an die andere.

Warum es ihnen nicht gleichtun, den Schriftstellern, Musikern, Schauspielern, Regisseuren, Bühnenbildnern, die diese Orte zu ihren gemacht, Zeit verschwendet und Inspiration gewonnen haben?

Zugegeben: Der hektische Alltag lässt wenig Zeit für solche scheinbar sinnlosen, zwecklosen Vergnügungen. Aber wäre nicht der Urlaub der richtige Zeitpunkt für solche Inspiration? Draußen pfeift der Wind oder es knallt die Sonne, drinnen lasse ich die Gedanken schweifen, lasse mich vom Koffein anregen und ordne mein Leben und Schaffen neu.

Die Theologie des Käsebrotes

Es ist noch sehr früh an diesem Urlaubsmorgen, als unser kleiner Sohn und Hugo zu mir ins Bett kommen. Hugo ist ein Handpuppen-Hund und seit geraumer Zeit der beste Freund und Gesprächspartner unseres Sohnes. Wann immer die beiden gemeinsam auftauchen, lautet die erste Frage unseres Kindes: »Papa (Mama), sprichst du mal den Hugo?«

Heute Morgen hat Hugo ein kaum zu bändigendes Verlangen nach Traubenzucker-Bonbons. Als er sich das erste ins weit geöffnete Maul schiebt, nimmt unser Sohn ihm dieses voller Empörung weg: »Hugo, Süßes bekommst du erst nach dem Frühstück! Erst isst du ein Käsebrot, und dann bekommst du was Süßes! Das ist die Regel!« Hugo ist erstaunt und bestürzt. Dann fragt er unseren Sohn, woher er diese Regel kennt. Unser Sohn antwortet: »Von der Mama. Die sagt das immer.«

Mit dieser Antwort ist Hugo aber nicht zufrieden. Er bohrt weiter: »Und woher kennt deine Mama diese Regel?« Unser Sohn überlegt nur kurz: »Also früher, als es noch keine Menschen gab, da war da der Gott. Und der hat den Menschen erklärt, dass das Frühstück mit einem Käsebrot beginnt ...«

Kein Urlaub ohne Fotoapparat

Kein Urlaub ohne Fotoapparat. Schließlich möchte man für sich und andere festhalten, wo man war, was man gesehen und erlebt hat.

Erinnert sich eigentlich noch jemand an die Zeit, in der Fotografieren kompliziert, teuer und langwierig war? Ja, man musste sich im Laden Filme kaufen. Vor hochgetürmten Regalen stand man vor Rätseln. Welches ist der Hersteller meines Vertrauens? Und wie lichtempfindlich muss mein Film überhaupt sein? Fachpersonal war auch damals schon rar, sodass man sich nicht selten für Versuch und Irrtum entschied. Auch das Einlegen eines Filmes hatte seine Tücken. Bei fehlerhafter Bedienung, durchaus aber auch bei Materialermüdung riss die Perforation. Dann konnte der Film gar nicht transportiert werden oder nur teilweise, was zu bizarren Doppelbelichtungen führte. Ob einem das kunstvolle Zusammenspiel aus Blende, Entfernung und Belichtungszeit wirklich gelungen und aus einem interessanten Motiv auch wirklich ein gutes Bild entstanden war, konnte man erst nach geduldigem Warten beurteilen. Denn beim zweiten Ladenbesuch hatte man den Film zur Entwicklung abgegeben, um beim dritten Ladenbesuch endlich jenen Umschlag über die Ladentheke des Fotogeschäftes ausgehändigt zu bekommen, der die ersehnten Abzüge enthielt. Diesen Umschlag zu öffnen konnte bedeuten, Momente größten Glücks zu erleben, weil alles so war, wie man es sich vorgestellt hatte. Aber auch Augenblicke tiefer Niedergeschlagenheit waren möglich, weil ein Drittel der Bilder unterbelichtet und ein weiteres Drittel verwackelt oder unscharf war. Für nichts und wieder nichts hatte man viel Geld ausgegeben.

Und heute? Heute knipsen alle digital. Die klitzekleinen Computer in unseren Händen sind längst so intelligent, dass sie selbst Amateuren Bilder in professioneller Qualität ermöglichen. Außerdem treten sie im Display sofort den Beweis dafür an. Und sollte ein Bild einmal nicht ganz gelungen sein, löscht man es eben gleich wieder. Das Zeitalter des digitalen Fotografierens hat aber auch längst eine Inflation der Bilder zur Folge. Nicht selten kommt man mit tausend und mehr Bildern aus dem Urlaub zurück und spürt so gar keine Lust, diese schier erschlagende Fülle nun zu bearbeiten und sinnvoll zu archivieren. Bestenfalls legt man sie auf irgendeiner externen Festplatte ab und nimmt sich vor, eines schönen Tages auszuwählen. Wusste man im Zeitalter von Filmen und Abzügen noch Bescheid über die entstandenen Bilder, vor allem, wenn man sie liebevoll in ein Album klebte, ist auch ein Kennzeichen digitalen Fotografierens der zunehmend verloren gehende Überblick.

Vielleicht ist es heute darum angesagt, sich beim Fotografieren einzuschränken und zu konzentrieren. Wenn ich meine Reise nicht nur durch das Objektiv einer Kamera erleben will, muss ich sie auch einmal zu Hause lassen. Ich muss längst nicht alles festhalten, was mir beim ersten Anblick schön erscheint. Aber wenn ich schon fotografiere, dann auch richtig und nicht im Nebenbei. Denn dann werde ich zur Komponistin oder zum Komponisten, die etwa das Farbenspiel oder die Bewegung von Pflanzen, Tieren oder Menschen festhalten, die einem Motiv nachgehen, ob es sich um Fenster, Türen oder Gärten handelt, die Prozesse dokumentieren, wie die Verwitterung von Steinen, die Korrosion von Metallen oder das Schmelzen von Gletschern.

Ich kann mir für meine Bilder Motive suchen, die zum Ausdruck meiner derzeitigen Lebensphase werden. Wie stelle ich dar, was mich fröhlich macht? Und wie, worüber ich traurig bin? Wie fotografiere ich Suchen? Und wie Finden? Welche Motive drücken in meinen Augen Liebe aus und welche Lieblosigkeit? Was kann den Aufbruch ausdrücken, in dem ich mich befinde? Und was die Stufen meines Lebens, die ich schon gestiegen bin?

Fotografieren kann so meditativ und erholsam sein, wenn es mir gelingt, mich vom hektischen Herumknipsen zu lösen, wenn ich dazukomme, mir Motive mit Ruhe und Gelassenheit zu suchen, auch wenn ich mir Zeit nehme, an ein und demselben Motiv zu experimentieren oder gar zu einer anderen Tageszeit zu ihm noch einmal zurückzukehren. Solche Bilder sind exzellenter Stoff etwa für Geburtstags- und Weihnachtskalender oder Fotobücher, die man immer wieder gerne in die Hand nimmt.

 Das kleine Urlaubsritual

Es kann zu einer ungemein meditativen Erfahrung werden, sich Zeit für das Fotografieren zu nehmen. Hilfreich ist es dabei, sich vorher Gedanken über Motive zu machen. Worauf möchte ich mich heute konzentrieren – auf Blumen? Oder auf Bäume? Auf das Meer und das Leben am Strand? Auf Menschen und ihre Gesichter? Auf Türen? Auf Landschaften? Auf Tiere? Probieren Sie dieses ganz bewusste Fotografieren aus, mit der Konzentration auf dieses oder jenes Motiv. Spielen Sie, nach Möglichkeit, mit der Blende und Belichtungszeit, mit Details und dem Panorama. Sie werden sich lange an solchen Bildern freuen – und andere sicher auch.

Wolkenloses Himmelblau

Wolkenloses Himmelblau
klopft an Fenstern, klopft an Türen,
lockt mich aus dem Haus heraus,
lass mich nur zu gern verführen.

Licht vom Himmel schmückt die Stadt,
mancher Platz wär' jetzt gern Garten,
Kinder toben, schlecken Eis,
Griesgram hat da schlechte Karten.

Heute scheint für mich die Sonne,
Wind frischt auf, ein sanfter Hauch.
Heute scheint für mich die Sonne,
auf die Nase und auf den Bauch.

Bäume rauschen sommerlich
und die Schmetterlinge tanzen.
Manchmal ist das Leben leicht,
liebenswert im großen Ganzen.

Riechst du auch der Blüten Duft?
Hörst du, wie die Amseln singen?
Es gibt Tage, die sind groß;
reich an Segen und Gelingen.

Heute scheint für uns die Sonne,
Wind frischt auf, ein sanfter Hauch.
Heute scheint für uns die Sonne,
auf die Nase und auf den Bauch.[15]

Wer schreibt, der bleibt

Jeder Mensch komponiert die Musik seines Lebens.[16]

HAZRAT INAYAT KHAN, 1882–1927

Beim Kartenspielen sagen wir mit Augenzwinkern: »Wer schreibt, der bleibt.« Gemeint in diesem Kontext ist das eigenartige Phänomen, dass oft derjenige gewinnt, der den Punktestand notiert. »Wer schreibt, der bleibt« hat jedoch in vielen Kontexten eine Bedeutung: So meint der Satz im Blick auf die Buchführung in Unternehmen, dass derjenige seine Firma im Griff hat und im Wettbewerb bestehen kann, der seine Buchführung beherrscht. Denn eine ordentliche Buchführung informiert zu jeder Zeit über die Ertragslage und die finanzielle Situation des Unternehmens. In einer Kneipe kann dieser Satz auch die Bindung eines Stammgastes im Blick haben. Denn wer anschreiben lässt, kommt wieder, hoffentlich, auch um hin und wieder zu bezahlen.

In unserem Zusammenhang schlagen wir Schreiben als eine Übung vor, kostbare und bedeutsame Momente festzuhalten– für sich selbst und für andere.

Für sich selbst: ein Tagebuch

Das Führen eines Tagebuchs im Urlaub hilft, die Erlebnisse, die Eindrücke und Gedanken dieser Zeit in Erinnerung zu behalten. Auch ein größerer Kalender in Buchformat kann als Tagebuch dienen. Ich halte fest, wo ich an diesem Tag bin, wie das Wetter ist, vielleicht, wie ich geschlafen habe, wie ich mich fühle, was ich mir vorgenommen habe und was sich davon umsetzen ließ. Ich halte Überraschendes fest, Schönes und Unschönes. Vielleicht schreibe ich auch auf, worüber ich mich freue, was mich glücklich macht und dankbar. Oft reichen Stichworte oder Namen, um auch Jahre später wieder abrufen zu können, was an diesem Urlaub bedeutsam war. Mit dem Schreiben eines Tagebuches komponiere ich an meiner Lebensmelodie.

Für andere: Briefe oder Postkarten

Im Zeitalter von Internet und E-Mail kann der handgeschriebene Brief oder eine Postkarte zu einem immer kostbarer werdenden Dokument von persönlicher Nähe werden. Ich setze mich hin, mit dem leeren Blatt vor mir. Ich habe etwas erlebt, was mir so kostbar ist, dass ich es festhalten und mit einem anderen Menschen teilen möchte. Für Augenblicke kommt mir dieser Mensch ganz nah – ich kann ihn, ich kann sie fast sehen. Und ich trete in ein Gespräch ein, das in meinem Inneren geschieht, sich aber nach außen wendet: Das ist es, was ich dir sagen möchte! Daran möchte ich euch Anteil nehmen lassen. Auf diese Weise will ich dir nahe sein, euch nahe bleiben. Hoffentlich interessiert euch dieser Ausschnitt aus meinem Leben. Und hoffentlich erfahre ich auch bald, wo du bist, wie es euch geht und worüber ihr nachdenkt.

Wer schreibt, der bleibt – sich selbst und anderen in Erinnerung.

 ## Das kleine Urlaubsritual

Freuen Sie sich auch, wenn endlich wieder einmal ein von Hand geschriebener Brief oder eine Postkarte im Briefkasten liegen? Wenn Sie diese Frage bejahen, dann bietet der Urlaub doch gute Gelegenheit für Handschriftliches. Sie können auf diese Weise andere erfreuen – oder sogar sich selbst. Warum nicht sogar sich selbst einen Gruß schicken, der einen Gedanken oder einen Moment festhält, der unvergesslich bleiben soll?

Auch wenn du fern bist

wie oft am tag
ein augenblick
mit dir

in einem bild
das vor mir steht
in einem lied
das du gern singst
in einem wort
wie du es sagt

auch wenn du fern bist
bist du hier

Lust auf Museum

Wie zum Strand das Meer gehört zum Urlaub auch der Museumsbesuch. Zumindest, wenn man etwas mehr über das Leben in der Region erfahren möchte, in der man gerade Erholung sucht. Vielleicht auch, weil in einer Sonderausstellung in der nahen Umgebung Besonderes, Kostbares, Faszinierendes oder gar Kurioses zusammengestellt ist, das man sonst so nicht zu sehen bekommt. Oder sogar nur, weil man im Museum bestens vor Regen und Sturm geschützt ist.

Mit der Beschäftigung von Museums- und Erlebnispädagogen ist bei vielen Menschen die Lust auf Museum deutlich gestiegen. Vorbei sind an vielen Orten die Zeiten, in denen man sich in ehrfurchtsvollem Abstand vor einer unüberschaubaren Fülle von Exponaten die Beine in den Bauch stand und sich schon nach einer Stunde wieder zurück ins Bett sehnte. Sinnliche Erfahrungen, weit über das pure Sehen hinaus, sind heute mehr denn je gefragt. Etwas anfassen zu können, etwas riechen, schmecken oder hören zu können, vielleicht sogar Teil eines Experiments zu sein – wo das geboten wird, besteht kein Mangel an kleinen und großen zahlenden Kunden.

»Ich habe keine besondere Begabung«, schrieb Albert Einstein 1952 in einem Brief an Carl Seelig, »ich bin nur leidenschaftlich neugierig.«[17] Diesen Antrieb für sein Entdecken und Erfinden teilt der Nobelpreisträger für Physik mit allen Menschen. Denn letztlich interessiert es uns doch alle, hinter die Dinge schauen zu können, Neues, bislang vielleicht sogar Verborgenes zu erfahren und aus dem Staunen heraus den eigenen Horizont zu erweitern. Darum schreit im Museum die Kombination aus der dem Menschen eigenen Neugier und seines Spieltriebs geradezu nach Befriedigung.

Für mich sind aus diesem Grund vor allem die ganztägigen Besuche im »Exploratorium« von San Francisco unvergesslich. Unser Sohn war fünf Jahre alt, als wir im Rahmen einer Fortbildung in Kalifornien waren. Freunde hatten uns den Besuch dieses naturwissenschaftlich geprägten Lern- und Experimentiermuseums empfohlen. Natürlich fragten wir uns, ob und wie lange man mit einem so kleinen Kind ins Museum gehen könne, denn günstig ist der Eintritt nicht. Was wir dort dann aber erlebt haben, war überwältigend – für unser Kind wie für uns Erwachsene. Kaum waren wir eingetreten, standen wir an einem Wasserbecken als Spieltisch. Kleine Segelboote dümpelten auf dem Wasser, das von einer Windmaschine bewegt wurde. Unsere Aufgabe bestand nun darin, die Segel der Boote so zu setzen, dass der Wind sie schnellstmöglich quer durch das Becken treiben konnte. Aber auch Flauten und Kentern waren möglich, wenn wir die Segel falsch setzten. Das erste von Hunderten von Experimenten im »Exploratorium«. Bereits an diesem Spieltisch gelang es uns kaum, unseren Sohn zum Weitergehen zu überreden. Und das setzte sich so fort an all den Stationen zu Phänomenen wie Windkraft, Elektrizität, Optik oder Akustik. Pünktlich um zehn Uhr waren wir zur Öffnung des Museums erschienen. Und nach einem spannenden, langen Tag, an dem wir zum Beispiel gemeinsam kräftig in Pedale getreten hatten, um erst den Strom für eine kleine Lampe, dann für einen Ventilator und schließlich für ein zusätzliches Radio zu erzeugen, an dem wir Vulkane zum Ausbruch gebracht und Eis unter Vakuumbedingungen hergestellt hatten, verließen wir sehr zufrieden, aber auch erschöpft das Museum mit den letzten Besuchern um 17 Uhr. Wir Erwachsenen waren erschöpft. Nicht so unser Sohn. Kaum standen wir draußen vor verschlossener Tür, fragte er mit ganz viel Glanz in den Augen, ob wir morgen, bitte, wieder in dieses Museum gehen könnten. Traumhaft für Eltern, wenn Museen über klug angelegte Spielwiesen des Lernens im Nebenbei den Kindern solchen Anreiz bieten.

Oder das Nachdenken beflügeln. Wie etwa ein »Kurioses Muschel-Museum«, in dem 3.000 der weltweit rund 120.000 bekannten Muschelarten ausgestellt sind. Fantasievolle Gestalten werden dort nicht nach biologischen Familien oder Arten sortiert, sondern nach vergleichbarem Aussehen komponiert und mit fantasievollen Namen bedacht. Dann liegen ein »Fettfleck« neben »Haarsträubendem« und der »Stacheldraht«

neben den »Musikinstrumenten«. Seit ich Anne Morrow Lindberghs Buch kenne, in dem die Ehefrau des berühmten Ozeanfliegers ihre Lebensphilosophie anhand jener Muscheln vorstellt, die sie bei langen Gängen am Strand findet, achte auch ich sehr viel genauer auf die »Muscheln in meiner Hand«.

Und seit ich die Hintergründe zur Entstehung einer Perle kenne, empfinde ich diesen Prozess als sehr bewegend, weil ich in ihm so viele Parallelen zu meinem Leben erkenne. Denn die Muschel ist ein Weichtier, im Grunde so wie ich. Und weil sie so leicht zu verletzen ist, schützt sie sich mit Schalen, die dichter und härter werden, von Jahr zu Jahr – so wie ich? Auch ich bin leicht zu verletzen. Und der Vergleich geht weiter: Die Muschel öffnet sich nur in vertrauter Umgebung und verschließt sich vor Fremdem. Sie macht dicht, sperrt sich gegen ihr Unheimliches. Auch das kenne ich von mir. Und doch: Manchmal, beim Filtern des Wassers, passiert es, dass in das Mantelgewebe der Muschel ein Sandkorn eindringt. Ein winziges Sandkorn, das sich unangenehm tief in sie eingräbt. Für die Muschel ein Unglück. Sie will das nicht, sie wehrt sich. Die Muschel hat Schmerzen. Sie leidet an ihrer Verletzung. Um diese zu lindern, entwickelt sie aus ihren Drüsen eine Flüssigkeit, die das Sandkorn umfließt – so lange, bis eine neue, intakte Perlmuttschicht entstanden ist.

Was wir Menschen als so schön und kostbar ansehen, die Perle, entsteht aus einer Verletzung. Und ich erinnere mich im Vergleich mit der Perle daran, wie oft mir schon Worte und Ereignisse unter die Haut gegangen sind; wie oft ich mich schon gegen unbequeme, manchmal auch schmerzliche neue Gedanken und Eindrücke gewehrt habe, die sich dann später als Glücksfall herausstellen sollten.

Solche Verläufe, von der Verletzung bis hin zur Verarbeitung, sind individuell ganz unterschiedlich. Darum lässt sich das Werden von Kostbarem in einem Menschen auch kaum teilen. Anne Morrow Lindbergh bestätigt das in ihrer Betrachtung einer Mondmuschel. Sie schreibt: »Bestimmte Quellen können wir nur erschließen, wenn wir alleine sind. Der Künstler, der etwas hervorbringt; der Schriftsteller, der Gedanken

Gestalt werden lässt; der Musiker, der komponiert; der Heilige, der betet – sie wissen, dass sie dazu alleine sein müssen.«[18]

Es sind solche Augenblicke eines existenziell tiefgründigen Abschweifens inmitten einer Kunstsammlung, die mich begeistern können und meine Lust auf Museum stetig wachsen lassen. Als Auslöser dafür brauche ich nicht unbedingt jene packende Lithografie von Otto Dix, dieses bewegende Gemälde von Pablo Picasso oder die irritierende Plastik von Joseph Beuys. Mir reicht manchmal ganz einfach eine Muschel, gesammelt am Strand oder ausgestellt im »Kuriosen Muschelmuseum«. Mich können Exponate aus Heimatmuseen, die das oft so schwere und dann auch wieder so originell-heitere Leben der Generationen vor uns dokumentieren, in eine ganz andere Welt zurückversetzen. Und mein Kind, das manchmal vor Neugier zu platzen droht und darum alles durchstreifen, herauskriegen und auskosten will, packt mich und zieht mich mit.

Vertiefen

Du kannst dein Leben
nicht verlängern
noch verbreitern,
nur vertiefen

Gorch Fock

Weinen – vor Glück

Erst war sie mir nicht aufgefallen. Ich war in die Kirche gekommen, um Vorbereitungen für den Abendgottesdienst zu treffen. Auf der Insel Spiekeroog, auf der ich bereits seit vielen Jahren als Kurpastor arbeite, steht die Kirche tagsüber zur Besichtigung und für Momente des Innehaltens offen. Dort gibt es auch eine Vertrauensbibliothek: Wer eine kostenlose Urlaubslektüre sucht, kann sie hier finden. Einzige Spielregel: Das Ausgeliehene soll vor der Abreise für andere wieder zurückgestellt werden. Es ist also nicht ungewöhnlich, dass sich Menschen in dieser Kirche aufhalten und in ihr verweilen. An diesem Tag aber hatte ich den Eindruck, die Kirche sei leer. Darum gab ich mir auch wenig Mühe, das E-Piano möglichst geräuschlos aufzubauen. Wen hätte ich stören sollen? Ich habe niemanden gesehen.

Und doch hatte ich mit einem Mal das Gefühl, nicht alleine zu sein. War es eine kleine Bewegung, die ich aus den Augenwinkeln wahrnahm? War es ein leises Geräusch, das ich mitbekam? Oder empfand ich einfach die Wärme eines Menschen, nicht weit von mir entfernt?

Und dann sah ich sie: eine schöne junge Frau. Zusammengekauert in einer Bank und mit Augen voller Tränen. Beschämt, sie gestört zu haben, sprach ich sie an, stellte mich vor, fragte, ob sie Hilfe brauche. Ihr Lächeln, mit dem sie antwortete, werde ich nie vergessen. Es war, als scheine die Sonne mitten im Regen. Es war wie das Leuchten des Regenbogens inmitten der dunklen Kirche.

»Nein«, sagte sie. Sie brauche keine Hilfe. Sie sitze hier und weine vor Glück. Vor Glück, mit ihrem Kind einen so schönen Ort gefunden zu haben. Vor Glück, Zeit zu haben und Ruhe zu finden. Vor Glück, eine Ahnung zu haben, dass sie nach langem Suchen hier ein Gespür für den Sinn des Lebens entwickele und Gott erfahren könne.

Das Leuchten des Regenbogens inmitten der dunklen Kirche kam vom Weinen vor Glück.

Wenn Admirale tanzen

Ich sehe dein Antlitz, Herr, in deiner Schöpfung. [19]
HAZRAT INAYAT KHAN, 1882–1927

In der Bibel und einer guten Tages- oder Wochenzeitung täglich zu lesen ist hilfreich, um aufmerksam zu werden – auch auf die kleinen Begebenheiten, die so viel vom großen Ganzen enthalten.

In einem Sommer auf Spiekeroog war uns die bis dahin nie wahrgenommene Fülle an Schmetterlingen bereits aufgefallen. Kleine Füchse, Tagpfauenaugen, Distelfalter und Admirale tanzten durch die Vorgärten der Häuser, als hätten die Sommerflieder zum großen Fest geladen. Bei jedem Spaziergang sind wir stehen geblieben, um uns den Reigen der Tagfalter in ihren auffällig schönen Ballkleidern nicht entgehen zu lassen.

Im *Inselboten* fanden wir unsere Wahrnehmung bestätigt: »Distelfalter besonders häufig – stark gefährdete Schmetterlinge fühlen sich auf der Insel wohl«[20], lautete die Schlagzeile eines Artikels aus der Feder eines Biologen und Inselliebhabers.

Staunend las ich, dass es sich beim Distelfalter um einen typischen Wanderfalter handelt, der in Mitteleuropa nirgendwo wirklich zu Hause ist, sondern sich hier, seinen Nahrungsquellen folgend, auf Wanderschaft befindet. Noch beeindruckender fand ich, dass Distelfalter und Admirale im Frühjahr aus ihren Heimatgebieten in Nordafrika und Südeuropa über die Alpen zu uns nach Mitteleuropa flattern und sich im Spätsommer wieder auf den Rückflug begeben. Beim Versuch, die Alpen erneut zu überqueren, erfrieren allerdings viele von ihnen.

Schmetterlinge zu beobachten, sich an der Schönheit ihrer Farben und ihres Flügelschlags zu erfreuen, das kann ein großes Urlaubsvergnügen sein, das seine Krönung findet, wenn sich einer dieser bunten Falter entschließt, für Augenblicke auf dem gedeckten Frühstückstisch im Vorgarten auszuruhen.

85

Bisweilen wiederholen wir dann Eric Carles Geschichte von der »Kleinen Raupe Nimmersatt«[21], die unser Sohn seit seinem dritten Lebensjahr auswendig in sich trägt. Durch was alles musste sich die niemals satte Raupe am Samstag auf ihrem Weg zum wunderschönen Schmetterling noch einmal fressen? »Ein Stück Schokoladenkuchen, eine Eiswaffel, eine saure Gurke ...«

Heute weiß unser Sohn daneben, dass der Schmetterling bereits in der Antike ein Sinnbild für Wiedergeburt und Unsterblichkeit war. Und auch, dass das Christentum im Schmetterling ein Symbol der Auferstehung sieht. Das Schlüpfen des bunten, leichten Fliegers aus dem scheinbar leblosen Kokon nach Wochen oder Monaten der Ruhe können Christen als Ergänzung zum Beispiel verstehen, das der Apostel Paulus wählt, um seine Vorstellung von Auferstehung auszumalen.

Im ersten Brief an die Gemeinde in Korinth schreibt er: »Es könnte gefragt werden: Wie werden die Toten auferstehen? Mit was für einem Körper werden sie kommen? Das sind unverständige Fragen. Wenn du ein Samenkorn säst, wird es nicht lebendig, wenn es nicht erst gestorben ist. Und was du säst, ist nicht das Lebewesen, das erst entstehen wird, sondern ein nacktes Korn, ob nun von Weizen oder etwas anderem. Gott gibt die Körper in göttlicher Weisheit und einem jeden Samenkorn einen besonderen Körper ... Gesät wird ein lebendiger Körper; ein Körper, den Gottes Geist erfüllt, steht auf« (1. Kor. 15,35-38a.44).[22]

Das Wunder des Sonntags bei Eric Carle, die Wandlung der Raupe in einen wunderschönen Schmetterling, kann auch die Fantasie beflügeln, dass unser Tod nichts als ein Übergang in verwandeltes Leben ist.

Wir stehen vor einem Sommerflieder und sehen Schmetterlinge tanzen. Zahlreiche Arten sind gefährdet, heißt es in der Bundesartenschutzverordnung. In Europa liegen die wichtigsten Ursachen dafür im Verlust von Lebensräumen durch die Entwässerung von Feuchtgebieten und die Intensivierung der Landwirtschaft. Wir sehen die Schmetterlinge und beobachten, wie sie von Blüte zu Blüte flattern, sich flüchtig niederlassen, um mit ihren Saugrüsseln den köstlichen Nektar in sich aufzunehmen. Und wir erinnern uns, dass die Falter auch für die Bestäubung wichtig sind. Es gibt tiefe Blütenkelche, die nur von Schmetterlingen bestäubt werden können.

Wir stehen da, staunen und lassen uns in vielerlei Hinsicht anregen von dieser Gala, zu der nun auch der Kleine Kohlweißling, der Grünaderweißling und der Hauhechel-Bläuling ihre Beiträge leisten. Heinrich Böll (1917–1985) wird der Gedanke zugeschrieben, dass der Schmetterling, dieses flüchtige Symbol einer Verwandlung, uns vor Augen hält, dass unser Leben nicht endet, sondern verändert wird, und uns zugleich daran erinnert, dass wir auf dieser Welt nicht ganz zu Hause sind.

Aber auch für unsere Gestaltungsspielräume in diesem »Nicht-ganz-zu-Hause-Sein« findet der Schriftsteller einen wichtigen Fingerzeig: »Wenn die Raupen wüssten, was einmal sein wird, wenn sie erst Schmetterlinge sind, sie würden ganz anders leben: froher, zuversichtlicher und hoffnungsvoller.« Froher, zuversichtlicher und hoffnungsvoller nicht nur mit meinem Urlaub umzugehen, sondern mit der Zeit, die mir auf dieser Welt bleibt, ist ein gewagtes, aber durchaus verlockendes Ziel – auf meinem Weg von der stets hungrigen Raupe zum leichten, schönen Schmetterling.

Wir stehen da und staunen. Und mir geht durch den Sinn, wie friedlich die Welt ist, wenn Admirale tanzen.

 ## Das kleine Urlaubsritual

Dastehen und einfach staunen zu können kann Urlaubsgenuss pur sein. Und es gibt viele erstaunliche Dinge – vom großen Ganzen einer Landschaft bis hin zur winzig kleinen Muschel am Strand. Achtsam durch den Tag und die Welt zu gehen öffnet die Augen, die Ohren und den Mund für die kleinen und großen Wunder um uns her. Auf solchen Wegen des Wahrnehmens und Staunens kommen einem – allerdings ohne einen Pakt mit Mephistoles eingehen zu wollen – schon Worte wie die von Goethes Faust in den Sinn, den die Erfüllung seines Wunsches nach höchster Lebensintensität zum Ausruf veranlasste: »Werd ich zum Augenblicke sagen: Verweile doch! Du bist so schön! Dann magst du mich in Fesseln schlagen, dann will ich gern zugrunde gehen.«

Meine Seele lobt dich, Gott

Meine Seele lobt dich, Gott,
und mein Geist freut sich
an den Wundern, die du tust.

Ich liege auf grüner Aue
und tauche in dein Himmelblau.
Der Wind spielt mit den Wolken,
gibt ihnen Gestalt
und löst die Formen wieder auf.
Sie ziehen weiter, wer weiß wohin?

Meine Seele lobt dich, Gott,
und mein Geist freut sich
an den Wundern, die du tust.

Ich liege auf grüner Aue
und tauche auf im Himmelblau.
Nach Luft lechzt meine Lunge.
Tief atme ich ein
und atme ganz langsam wieder aus.
Ich lebe gerne, jetzt und hier.

Meine Seele lobt dich, Gott,
und mein Geist freut sich
an den Wundern, die du tust.

Ich liege auf grüner Aue
und weiß dich nah im Himmelblau.
Dein Hauch verleiht den Atem,
der mich belebt
und mit mir alle Kreatur.
Beatme mich:
Wind, Luft, Geist, Gott,
du Lebensspur.

Über allen Gipfeln ist Ruh

Piz Palü, Piz Bernina, Piz Roseg, Piz Corvatsch, Piz Nair– für Alpinisten sind dies magische Namen. Die Drei- und Viertausender der Alpenkette verfehlen ihre Wirkung nicht. Weit jenseits der Baumgrenze – dort, wo es die menschlichen Siedlungen in Jahrhunderten nicht hingeschafft haben – ist also das Dach der Welt.

Die Welt sieht anders aus – von oben. Mystische Stille entfaltet sich. Nur dann und wann schafft es ein Zivilisationsgeräusch aus den Tälern und Hochebenen hier herauf. »Der gestirnte Himmel über mir, das moralische Gesetz in mir« – dieses Diktum des Königsberger Philosophen Immanuel Kant kann man hier ganz gut nachvollziehen. Tritt man des Nachts vor die Tür, entfaltet sich ein Sternenhimmel, der einem den Atem verschlägt. Es sind wohl an die drei Milliarden Sterne, die man von hier aus zählen könnte – wenn man es denn könnte. Keine Lichtverschmutzung nimmt den Blick. Keine Luftverschmutzung trübt Auge und Sinne.

Vielleicht ist das der Grund, weshalb sich die großen Denker und Philosophen so von den hohen Bergen angezogen fühlten. Friedrich Nietzsche etwa, der auf der Hochebene des Oberengadins in Sils Maria eine zweite Heimat fand – Linderung seiner psychischen Schmerzen; Klarheit für tiefe Gedanken.

Berge sind zweideutige Ziele. Im Schnürregen, wenn die Gipfel verhangen sind, können sie einen ganz schön niederschlagen. Niemand hat das besser in Worte gegossen als Georg Büchner in seiner Erzählung »Lenz«: Klart es aber auf, gibt es kaum Schöneres, kaum Wohltuenderes als die hohen Berge. Die Luft ist dann so rein, so klar, die Farben der kleinen Blumen sind so leuchtend, dass einem der Atem stockt vor so viel Schönheit der Natur.

Der Mensch der späten Moderne kann noch ganz andere, praktische Gründe haben, die Höhenluft und Höhensonne zu suchen. Jenseits der Baumgrenze, so etwa ab 1800 Metern Seehöhe – dort, wo kaum mehr Vegetation vorhanden ist –

herrscht eine fast allergiefreie Zone. Wenn man an die Volks-krankheiten des 21. Jahrhunderts denkt, ist man nicht schlecht beraten, sich in dieser Höhenluft zu erholen. Dabei mutet es fast sonderlich an, dass bis vor wenigen Jahrzehnten diese Heil-samkeit der Berge nahezu unbekannt war. Berge galten bis weit in das 19. Jahrhundert hinein als Wildnis, als Öde, als zu mei-dende Landschaft. »Der Winter zog sich in raue Berge zurück«, so schon Goethe in seinem legendären Osterspaziergang.

Niemand wäre freiwillig auf die Idee gekommen, hohe Berge mit Erholung und Urlaub gleichzusetzen. Wer über den unbeschreiblichen Luxus einer Urlaubszeit verfügte, der suchte die Wärme oder Kultur etwa Italiens: »Kennst du das Land, wo die Zitronen blühn?« Die Alpen waren ein notwendiges Hin-dernis, schnellstmöglich auf den wenigen Pässen, dem Bren-ner, dem St. Bernhard, zu überwinden. Und selbst dann, als die Romantik des 19. Jahrhunderts die Berge entdeckte, Caspar David Friedrich das Riesengebirge etwa, wäre kein Mensch auf die Idee gekommen, diese Landschaft auch im Winter zu berei-sen.

Erst nach und nach, ganz allmählich, entwickelte sich vor-sichtig ein Tourismus, der mangels Antibiotika die Höhenluft für die Tuberkulosekranken entdeckte und dann auch den Schnee, das Eis, den Schilauf und die vielen anderen Freuden des Winters.

Muss das sein?

Es regnet. Wieder versinkt einer dieser kostbaren Urlaubstage im Grau des viel zu nassen Sommers. »In einer halben Stunde brechen wir auf!«, ruft meine Frau. Sie hat entschieden, mit uns auf einen Berg zu steigen. Wir sind alles andere als begeistert. Sie ist es schon, denn bereits als Sechsjährige hat sie den Hausberg von Bad Kohlgrub bezwungen. Diese Leistung hatten ihre Eltern vor der Hörnlehütte mit einem tiefen Schluck aus ihrer allerersten Radlermaß gekrönt. Jetzt ist unser gleichaltriger Sohn so weit – und seine Initiation Teil des Tagesplans.

»Muss das sein?«, höre ich uns beiden Männer wie aus einem Mund fragen. »Es regnet!« Doch der Glanz in den Augen meiner Frau und seiner Mutter lässt Widerstand zwecklos erscheinen. Also packen wir in Zeitlupe unser Gepäck. Knapp 600 Meter Höhenunterschied! Das klingt nach Anstrengung, Schweiß und zahlreichen innerfamiliären Debatten.

Einen Funken Zuversicht setze ich noch auf den Sessellift. »Die Hütte ist leicht zu erreichen mit der Hörnlebahn«, lockt der Reiseführer. Vielleicht wird meine Frau ja Erbarmen mit uns zeigen. Doch vor der Talstation platzt diese Hoffnung wie eine Seifenblase. Der Lift steht still. Na klar. Schließlich regnet es.

Unbeeindruckt und ihrem Wesen entsprechend heiter schnürt sich meine Frau die Wanderstiefel. Ich stöhne halblaut, auch weil sich unser begabter Nachwuchs genüsslich der Untersuchung sämtlicher Knöpfe und Schalter im Auto zugewendet hat. Seine Hartnäckigkeit am Warnblinker und meine anhaltende Unentschlossenheit könnten leicht als passiver Widerstand ausgelegt werden. Tatsache ist, dass wir uns mit der mentalen Einstellung auf den Berg mehr als schwertun. Kein Wunder: Die obere Hälfte des Massivs ist derart vom Nebel verschlungen, dass Fragen ohne Antwort bleiben, wie: Welche Hürden beim Aufstieg wohl zu überwinden sein werden und ob man je den Weg zurück auch wiederfindet.

Keine unserer kleinen und großen Sorgen können meine Frau aufhalten. Auch nicht die kleinen und großen Pfützen, die den Parkplatz um uns in ein Sumpfgebiet verwandelt haben und eine Vorahnung vermitteln, durch welchen Morast unser Weg bergauf uns wohl führen wird. »Los geht's«, heißt das Kommando, das die schwerfällige Kolonne in Bewegung versetzt.

Sehr bald, ich gebe es zu, beginnen wir zu staunen, wie angenehm es sich hier atmen lässt und wie saftig grün die Weiden voller Kühe sind. Auch wenn das Gefühl bleibt, von etlichen der Wiederkäuer mit mitleidigen Blicken begleitet zu werden, vollzieht sich bereits hier meine Wandlung vom Saulus zum Paulus. Besonders aber, als erste Sonnenstrahlen durch die massive Wolkendecke fingern. Auch ich finde es inzwischen schön hier.

Unser Kind und Erbe ist noch lange nicht so weit: Nach vierhundert Metern hat er Durst wie noch nie zuvor im Leben. Nach sechshundert Metern quält ihn die viel zu heiße Jacke. Nach achthundert Metern findet er – Gott sei Dank – eine Bank zum Ausruhen. Er steuert sie zielstrebig an und reklamiert sein Vesperbrot, auch wenn das Frühstück kaum eine Stunde zurückliegt.

Und doch vollzieht sich auch in ihm zunehmend ein Wandel: Begeistert entdeckt er den murmelnden Bergbach, den Kinder mit einer Reihe von Staudämmen verlangsamt haben. Wir beobachten, wie sich ein Becken füllt, um ins nächste überzulaufen. Wir werfen Steine in die Becken und freuen uns an den Kreisen, die sie im Wasser ziehen. Und der Blick zurück lässt uns staunen, wie hoch wir bereits über jenem Dorf stehen, von dem wir ausgezogen sind, und wie weit in die Täler wir schon schauen können.

Langsam wird der Weg zur niemals hinterfragten Abenteuerreise. Wie eine Gämse klettert unser Nachfahre uns voran und jubelt über jede noch so steile Abkürzung, auf der seine etwas hüftsteiferen Eltern ihm schweißgebadet folgen. Ein rostendes Stahlseil, achtlos unter der Lifttrasse liegengelassen, wird Auslöser von Geschichten über Hubschrauber- und Bergwachteinsätze zur dramatischen Rettung aus Bergnot. Das schweigsame Einhören auf den Wohlklang einer Sinfonie für Dutzende von Kuhglocken sorgt für die nötige Entspannung nach solchen Dramen.

Wir fotografieren uns, die Bergwelt – und die Kühe. Eine von ihnen hält die Digitalkamera offenbar für eine Butterblume und kommt mit jedem Klick des Auslösers zwei Schritte näher. Dieser Kuh mit einem Male Auge in Auge gegenüberzusehen, das sorgt für Panik und Heiterkeit zugleich.

Längst sind die Wolken weitergezogen, und es erwartet uns ein strahlend blauer Himmel, als wir unter dem Gipfelkreuz auf 1400 Meter ankommen. Nur wenige Menschen treffen wir. Der Regen hat heute offenbar viele davon abgehalten, sich auf den Weg dieser beliebten Wanderroute zu begeben. Wir genießen den Ausblick auf Dörfer und Seen, auf Felder und Wälder und auf das grandiose Gipfelpanorama bis hin zur Zugspitze. Wer hätte das an diesem Morgen erwartet? »Ich!«, sagt meine Frau. Niemand widerspricht.

Die obligate Radlermaß lehnt unser Sohn nach kurzem Nippen am Glas kategorisch ab. Eine richtige Limo ist ihm tausend Mal lieber. Und außerdem hat er bereits ein Auge auf das Gipfelkreuz auf dem benachbarten Berg geworfen. »Papa«, fragt er betört und betörend, »da klettern wir doch auch noch hin …?« »Muss das sein?«, denke ich. Und erinnere mich sogleich, wie ich noch vor wenigen Stunden zum Glück dieses Augenblicks gezwungen werden musste. »Na klar«, sage ich, »es gibt doch nichts Schöneres, als auf einen Berg zu steigen.« Und ich gebe zu, dass man manchmal zu seinem Glück gezwungen werden muss.

Unser tägliches Brot

Unser tägliches Brot –
Speise, die uns stärkt,
erfrischender Trank;
am langen Tisch
ein Platz für alle.

Unser tägliches Brot –
sonnenwarme Zeit
vor dem Regenguss;
verträumte Nacht
und guter Morgen.

Unser tägliches Brot –
Freundschaft, die fest hält
unter schützendem Dach;
die frische Luft
der Freiheit atmen.

Unser tägliches Brot –
Krankheit, die verheilt,
getrösteter Schmerz;
im Leben und Sterben
nicht allein sein.

Unser tägliches Brot
gib uns heute.

Den Mittag genießen

Das Brot in unsern Händen
von dir, Gott, uns gegeben.
Wir danken – und wir teilen.
Vom Teilen lebt das Leben.

Es lacht mir der Himmel

Es lacht mir der Himmel.
Und dort lachen Kinder.
Ich sitze im Schatten
von uralten Bäumen
und schaue aufs Wasser,
kann schwärmen, kann träumen.

Es segeln die Wolken.
Dort segeln drei Boote.
Ich höre die Glocke
des Klosters zwölf schlagen,
beneide die Schwimmer,
frag mich, soll ich's wagen?

Es summen die Bienen.
Zwei Backfische summen.
Ich lausche dem Ohrwurm
aus Sommer und Blühen.
Und nehme dann Anlauf,
dass Springbrunnen sprühen.

Kochen und essen

Urlaub gestalten heißt in der heutigen Zeit, die eigenen Wurzeln zu entdecken. »Back to the roots«, zurück zu den Wurzeln, so könnte man ein erfolgreiches Urlaubsprogramm überschreiben. Während in früheren Zeiten die alltäglichen Arbeiten wie Kochen und gemeinsames Essen noch ganz selbstverständlich waren und man somit im Urlaub Erholung davon suchte, dreht sich heute die Wirklichkeit um. Im Zeitalter von »Convenience Food«, der vorgefertigten Mahlzeiten also, und der doppelten Berufstätigkeit ist es eher die Ausnahme als die Regel, ein Essen mit Ruhe gemeinsam vorzubereiten und ebenso in Ruhe gemeinsam zu genießen.

Wie wichtig die Entdeckung dieser Grundbedürfnisse und auch Grundtätigkeiten für ein ganz-heitliches Wohlbefinden sind, wird nicht zuletzt von Menschen gespiegelt, die sich mit den Schattenseiten der modernen Lebenswelt wie Erschöpfung, Überarbeitung und »Burnout«, dem Ausbrennen beschäftigen. Der Pater eines Dominikanerinnenklosters in Koblenz-Arensberg schilderte einmal eindrücklich, dass seine Klienten zunächst ganz scheinbar alltägliche Dinge nötig hätten: genügend Schlaf, gutes Essen und Trinken, Ruhe. In der Urlaubsgestaltung – und auch schon in der Urlaubsplanung – kann man diese Elemente bereits frühzeitig berücksichtigen.

Etwas karikierend gesagt: Der moderne Urlauber wünscht sich den »All-in-Urlaub« in einem Hotel des Südens, wo er möglichst wenig Arbeit und gleichsam eine Wettergarantie hat. Es bedarf schon etwas Muts, sich von diesem Klischee zu lösen und ganz eigene Formen des Urlaubs zu suchen und zu finden.

Ein Schritt auf diesem Wege beginnt schon mit der Wahl des Quartiers: Häufig gibt es in der gewählten Region nicht nur die großen, aber zumeist langweiligen und anonymen Hotelketten mit ihren billig erscheinenden Pauschalangeboten, sondern auch Ferienwohnungen oder Häuschen, die häufig von privat direkt vermietet werden.

Ein individuell geplanter Urlaub bietet unschätzbare Vorteile: Die Rhythmisierung des Tages bleibt selbstbestimmt und die Möglichkeit des Kochens, Essens und Trinkens ganz selbst gestaltet. Für manche mag das zunächst eher als Bürde denn als Chance erscheinen. Wer sich täglich darum kümmern muss, dass die Kinder versorgt sind, mag vielleicht gerade im Urlaub gerne aufs Kochen verzichten. Doch entgehen dem »All-in-Urlauber« auch tolle Möglichkeiten, Land und Leute und vielleicht sogar sich selbst ein Stück wieder zu entdecken.

Als wir vor einiger Jahren Istrien für uns entdeckten, logierten wir in einem leidlich bezahlbaren Hotel. Das war ein netter Urlaub – viel Wasser, viel Schwimmen, viel Sonne und ziemlich schlechtes Kantinenessen. Als wir wiederkamen, fanden wir in der Nähe ein nettes Häuschen. Es lag etwas abseits des Strandes, aber es war eine echte Puppenstube, mit großem Garten, Pinien und Grill.

Die scheinbar nebensächliche Umstellung brachte für uns eine ganz neue Urlaubserfahrung und zugleich einen viel höheren Erholungswert. Statt morgens mit Sack und Pack an den Strand zu drängen und dann die Mittagshitze leidlich zu überstehen, begann der Tag nun mit einem Cappuccino im einheimischen Café, der Lektüre der Lokalzeitung (die wir nur bruchstückhaft verstanden) und – vor allem – dem Gang durch die örtliche Markthalle.

Was sich uns da offenbarte, war überwältigend: ein Gemüsestand neben dem nächsten, Tomaten, die nach Tomate schmeckten, Pfirsiche direkt vom Baum, Waldbeeren, frisch gepflückt. Auf der oberen Etage fanden sich die Fleischer und Bäcker, wo das Lamm für den Abend zu bekommen war. Alles aber wurde von der Fischhalle überboten, in der die Fischerfrauen gerade das anboten, was ihre Männer über Nacht gefangen hatten. Seltsame Kreaturen des Meeres, nicht zu vergleichen mit den standardisierten Fischprodukten unserer Supermärkte.

Schon dieser Gang über den Markt am Morgen war eine Offenbarung für sich: Die Gerüche, die Düfte (manchmal auch der Gestank) waren ein ganz eigenes Sinnenerlebnis. Dieser tägliche Gang über den Markt bildete sozusagen die Ouvertüre des Tages. Das Abendessen war mental vorbereitet, und der Tag konnte nun seinen südländischen Gang gehen mit Lesen, Muße und Schwimmen.

Wenn es Abend wurde, freuten wir uns schon riesig auf die Schätze, die wir am Morgen ergattert hatten. Zucchini und Auberginen wurden im Olivenöl des Bauern gebrutzelt, die Dorade draußen auf dem Grill gegrillt. Fertig war der Festschmaus!

Interessanterweise hatte diese Form des Essens und Kochens mit dem alltäglichen Stress nichts zu tun. Ja, es gab auch keinen Gedanken darüber, wer jetzt kochen »musste«. Im Gegenteil: Jeder konnte sich einbringen, und Kochen und Essen wurden plötzlich zu dem Genuss, der es eigentlich sein soll.

Mitten am Tag

Mitten am Tag ein Innehalten,
mitten am Tag ein kleines Glück:
Ich finde Zeit, tief durchzuatmen,
Zeit für ein Wort und für Musik.

Mitten am Tag jetzt still zu sitzen,
mitten am Tag, der nicht verfliegt.
Ich freue mich an schon Erlebtem
und auf das, was noch vor mir liegt.

Mitten am Tag sich Zeit zu nehmen
für ein Gebet, für Speis und Trank,
mitten am Tag ein Innehalten
mit Gotteslob und ganz viel Dank.[23]

Eugen Eckert

Sich frei schwimmen – Über den zweitschönsten Ort auf Erden

Wer einen erfahrenen Hausarzt nach den besten Sportmöglichkeiten jenseits der 30 fragt, wird mit monotoner Wiederkehr die drei großen Bewegungen hören: Laufen, Radfahren und Schwimmen. Dass das Schwimmen dazugehört, wird man spätestens dann verstehen, wenn man sich einmal dieser wunderbaren Übung unterzogen hat.

Vermutlich beginnt es schon damit, dass Schwimmen eine Art »phylogenetischer Rückerinnerung« darstellt. Wahrscheinlich ist uns aus der pränatalen Phase unseres Daseins im Mutterleib die Erinnerung des Schwimmens in den Tiefen unseres Bewusstseins noch gegenwärtig. Und mehr noch: Wer die Dinge evolutionsbiologisch betrachtet, wird feststellen, dass alle Lebewesen einmal dem Wasser entkrochen sind – wer weiß, ob sich nicht auch da eine Spur der Erinnerung erhalten hat.

Wer sich an einem schönen Sommermorgen nach Klagenfurt begibt, dort das Strandbad besucht, die endlosen Stege in den Wörthersee hineinläuft und beherzt mit einem Kopfsprung in das frische, klare Wasser eintaucht, weiß, wovon ich spreche. Bereits der Komponist Gustav Mahler wusste, weshalb er hier Ruhe und Konzentration zugleich suchte, in seinem Musizierhäuschen und beim morgendlichen Schwimmritual.

Schwimmen ist ein Vorgeschmack des neuen Lebens, eine Art Wieder-geboren-Werden für den ganzen Menschen. Nirgends fühlt sich das Leben buchstäblich so leicht an wie im Wasser. Der Körper, der »alte Madensack«, wie Martin Luther ihn nannte, wird leicht, verliert seine Schwere, gleitet durch das kühle, erfrischende Nass. Kein Wunder, dass Kinder wie Alte das Wasser lieben!

Besonders beeindruckend fand ich die (wahre) Geschichte von dem Manager, der an seinem Beruf verzweifelte, ausbrannte, in Depressionen verfiel und dann, als er den Boden küsste, mit dem Schwimmen anfing: Hier spürte er sich wieder. Hier war eine unmittelbare Begegnung mit ihm selbst. Hier war Kraft und Leichtigkeit zugleich. Er ruhte nicht eher, bis er sein großes Ziel erreichte: einmal den Wörthersee der Länge nach zu durchschwimmen (was wahrlich keine leichte Übung ist …).

Schwimmen ist wohltuend und gesund, mehr noch: Es kann eine therapeutische Kraft entfalten – nicht nur für die Muskeln, sondern vielmehr für den Geist. Wenn es richtig ist, dass viele der Leiden heute psychosomatisch sind, dann ist die körperliche Übung des Schwimmens eine herausragende Kraft, sich im wahren Sinne des Wortes frei zu schwimmen und, nebenbei, die Psyche zu heilen.

In den Sand setzen

Etwas
in den Sand zu setzen
war mir immer ein Gräuel.

Bis ich mit Kindern
meine erste Strandburg entwarf.

Umgeben von Gräben,
befestigt durch Türme,
unterhöhlt von Tunnels,
mit einem Hafen zum offenen Meer.

Mit Schaufeln und Eimern
gruben wir einen Tag lang,
bauten begeistert,
formten, verzierten –
was am Abend
in Sekunden
die Flut mit sich riss.

Wer auf Sand baut, weiß,
es ist nicht von Dauer –
wir bauen für heute,
was morgen nicht bleibt.

Doch weil Nur-für-Heute
beizeiten so schön ist,
habe ich längst
mehr als Burgen
in den Sand schon gesetzt.

Eyja

Ich bin weder Reiter, noch habe ich eine Ahnung von Pferden. Aber ich bin lernfähig. Vor allem, wenn gute Freunde zu mir sagen: Das musst du mal erlebt haben! Das ist super. Und überhaupt kein Problem ... So beginnt die Geschichte meines ersten und letzten Ausritts auf einem Islandpony.

Vier von uns hatten die Idee, nachdem sie schon tagelang mit sehnsüchtigen Blicken den Reitergruppen nachgeschaut hatten, deren Weg immer auch durch das Inseldorf führt. Spektakulär kündet das Klappern der Hufe bereits an, wer jetzt gleich um die Ecke biegen wird. Und dann treffen sie ein: zwanzig Kinder, Jugendliche und Erwachsene, die auf den Rücken ihrer Pferde die Welt stolz und auch ein bisschen von oben herab betrachten. Sie wissen, dass sie die Blicke auf sich ziehen. Und die meisten genießen das auch.

»Das könnten wir uns doch auch mal leisten«, sagt Conni. Und schon steht die Idee im Raum. Einwände und Problemanzeigen kommen nicht gut an und werden schnellstmöglich vom Tisch gewischt. Ehe ich mich versehe, haben wir als Gruppe unseren Ausritt für den kommenden Tag gebucht. Vier Stunden Zeit sind erforderlich. Mir ist nicht klar, wofür. So groß ist die Insel doch gar nicht.

Am nächsten Tag begreife ich die Zeitvorgabe. Nach einer kurzen Einweisung erhalten wir das Zaumzeug und den Auftrag, die Pferde von der Weide zu holen. Wie bitte? Ich hatte die Vorstellung, die ich von Leihwagen her kenne: Du checkst ein und das Fahrzeug steht fahrbereit vor der Tür.

Nun also soll ich mein Pferd davon überzeugen, sein friedliches Grasen einzustellen und sich von mir zur Tränke führen zu lassen. »Ihr müsst aufpassen, dass die Pferde nicht zu viel trinken«, sagt unsere Reitlehrerin, »sonst geht der Sattelgurt nicht mehr zu.« Nichts leichter als das, denke ich. Schließlich wurde mir Eyja zugeteilt. »Ein ganz liebes Pferd«, raunt mir Hannah zu. Hannah ist zwölf und hilft im Reitstall, um selbst auch reiten zu können. »Danke, Hannah«, sage ich, »wie finde ich Eyja?« Sie bekommt den Auftrag, mich Anfänger zu begleiten. Das entlastet mich sehr.

Fünfzehn Minuten laufen wir, überspringen kleine Priele, durchqueren Hecken und Gräser. Dann stehen wir vor dem Pony mit seiner zugegebenermaßen herrlichen Mähne. Eyja und ich schauen uns für einen Moment tief in die Augen. Ich fürchte, sie ahnt, was auf sie zukommt, und signalisiert: Noch kannst du zurück, mein Junge!

Hannah interessieren solche Signale nicht. Sie weist mich an, mit dem Zaumzeug in den Händen dem Pony näherzutreten. Ich stelle mich offenbar so ungeschickt an, dass die Zwölfjährige tief seufzt und mir die Arbeit aus der Hand nimmt. Routiniert packt Hannah zu, in Windeseile ist Eyja gezäumt und lässt sich von mir ohne Widerstand Richtung Wasserstelle führen. Fast stellt sich auf diesem Wegstück so etwas wie Harmonie zwischen uns beiden ein. Dennoch bleibe ich misstrauisch, auch weil ich mich frage, wie groß der Schmerz sein mag, wenn einem ein Pferd auf dem Fuß steht. Jedenfalls entschließe ich mich, auf meine Schritte gut zu achten.

An der Wasserstelle angekommen, versenkt Eyja ihren Kopf im Bottich und saugt ohne Ende Wasser in sich auf. »Zieh sie weg«, ruft Hannah. Ich ziehe zaghaft. »Fester«, ruft Hannah. Ich ziehe fester, ohne Eyja beeindrucken zu können. Hannah seufzt erneut, ergreift den Zügel und reißt Eyja mit einem entschlossenen Ruck weg vom feuchten Element. Warum lässt sich ein so großes Geschöpf Gottes das alles von uns Menschen gefallen?, frage ich mich. Hannah sagt: »Du musst ihr ganz klar zeigen, was du willst.« Ich nicke verständig, ohne dass damit meine Frage beantwortet wäre. Aber ich will es mir keinesfalls mit Hannah verscherzen. Ohne sie bin ich aufgeschmissen. Auch als es darum geht, nach einer guten Stunde endlich den Sattel aufzulegen und festzuzurren.

»Alle bleiben hinter mir in einer Reihe!«, sagt die Reitlehrerin, »Ich möchte nicht, dass irgendjemand mich überholt!« »Und wie soll ich das steuern?«, zische ich Hannah zu. »Eyja kennt schon den Weg und weiß auch, wo ihr Platz ist«, flüstert sie zurück. Irgendwie bin ich mit Hannahs Hilfe inzwischen auch aufgestiegen und fühle mich zufrieden und gut, bis ich erfahre, dass meine wunderbare Assistentin an diesem Ausritt gar nicht teilnimmt. »Das wird schon«, ruft Conni, und alle Freunde nicken, »Hals- und Beinbruch!« Ich frage mich, ob sie wörtlich meint, was sie da sagt? Zum Glück kann ich mich erinnern, dass im Hintergrund dieser Redewendung der immer missverstandene jiddische Segen »hazlacha u berucha« steht. Und der meint wörtlich übersetzt: »Erfolg und Segen«. Darum nicke ich Conni freundlich zu, ehe sich unsere Kolonne in Bewegung setzt.

Eyja bleibt grandios in ihrer Spur. Dass sich andere Ponys abdrängen und sich gegenseitig sogar beißen, lässt mein kluges Pferd kalt. Mit mir im Sattel hat sie genug zu tun: 90 Kilogramm wollen schließlich erst einmal bewegt werden.

Alles bleibt gut, bis wir es im Schritt durch die Dünenlandschaft hin zum Strand geschafft haben. Gemächlich war der Ausritt bis hierher. Meditative Zufriedenheit hat mich ergriffen. Reiten kann ja so schön sein!

Doch ausgerechnet im Moment meines ständig wachsenden Glücksgefühls fällt unsere Leiterin mit ihrem Pferd in einen leichten Trab. Und alle Ponys folgen dem. Ich habe Eyja davon nichts gesagt und sie hat mich auch nicht gefragt. Sie trabt einfach los, mit mir im Sattel. »Haltet euch hinter mir am Wassersaum«, ruft die Reitlehrerin, »und kommt Spaziergängern nicht zu nah.« Das ist schnell und leicht gesagt. Nur, es umzusetzen gelingt mir nicht. Einmal, weil Eyja das Meer scheinbar nicht besonders liebt und gehörigen Abstand zur Brandung hält. Und dann, weil sie sich daran zu erinnern scheint, früher einmal das Leittier gewesen zu sein. Mit unbändigem Willen setzt sie zu einer Aufholjagd an, der ich nichts entgegenzusetzen weiß. Wir nehmen ein paar sich erschreckende und uns wüste Verwünschungen nachrufende Spaziergänger in die Zange: links von uns die große Kolonne, in der Mitte die Strandläufer und rechts von ihnen Eyja und ich.

»Was machst du da?«, schreit die Reitlehrerin. »Ich? Ich mache gar nichts!«, plärre ich zurück, »Eyja macht das mit mir!« Im Leihwagen wüsste ich, wo die Bremse ist und wie ich zum Stillstand komme. Aber meinem Pony bin ich hilflos ausgeliefert. Nur gut, dass Hannah diese Blamage nicht miterlebt. Ich würde vor ihr in den Boden versinken.

Natürlich bin ich nach wenigen Momenten eingeholt. Und natürlich geht Eyja mit einem Male auch wieder ihr gemächliches Schritttempo. Sie hat es allen gezeigt. Das genügt ihr – für heute. Irgendwie werde ich den Verdacht nicht los, dass auch sie sich über mich lustig macht. Ich frage mich, ob Pferde schmunzeln können? Eyja jedenfalls sieht aus, als habe sie das drauf.

Mir ist klar, dass ich bis zum bitteren Ende durchhalten muss, wenn ich mein Pony nicht alleine zur Weide zurückführen will. Ich atme auf, als ich einer Nachhut von Anfängern zugeteilt werde, der auch der den Ausritt abschließenden Galopp erspart bleibt. »Geschlagen ziehen sie nach Haus, heia hoho, die Enkel fechten's besser aus, heia hoho« – ohne dass ich mich wehren kann, steigt in mir diese Strophe des Florian-Geyer-Liedes auf.

Den verächtlichen Blick von Hannah habe ich kommen sehen. Natürlich sollen wir unser Pferd pflegen, nach unserer Rückkehr – striegeln, Hufe auskratzen, füttern. Als ich mit zitternden Beinen wieder festen Boden unter den Füßen spüre, frage ich Hannah, ob es ihr viel ausmachen würde, mich hierbei zu vertreten. Sie liebt Eyja, das von mir verkannte Islandpony. Darum willigt sie ein, während ich den Weg zurück antrete. Vier Stunden können endlos sein.

»Wer dem Pferd seinen Willen lässt, den wirft es aus dem Sattel«, gibt meine Freundin Conni am Abend in der Kneipe als geflügeltes Wort zum Besten und erzeugt allgemeine Heiterkeit – auf meine Kosten. »Das Pferd ist oft klüger als sein Reiter«, weiß der mitfeixende Wirt aus dem Sprichwörterschatz zu ergänzen.

Langsam kann ich auch schon wieder schmunzeln. Wahrscheinlich sehe ich dabei Eyja wie aus dem Gesicht geschnitten ähnlich. Aber ich fasse auch den festen Entschluss, Freunde hin und Urlaubsvergnügen her, es künftig mit den Schustern zu halten, die nicht nur bei ihren Leisten bleiben, sondern auch auf ihren Rappen reisen. Und als ich Hannah am nächsten Tag schon von Weitem auf mich zusteuern sehe, mache ich einen großen Bogen um sie.

Labyrinth

Du bist auf dem Weg.
Und du hast ein Ziel.
Du folgst deiner Spur,
kein Schritt ist zu viel.
Du näherst dich an.
Bist schon greifbar nah –
und wirst umgelenkt,
weißt nicht, wie's geschah.

Du gehst, doch du spürst,
es geht nicht voran,
vielmehr ins Abseits
drängt dich nun die Bahn.
Du zweifelst, du klagst.
Die Mitte? Weit weg!
Wozu weitergehn?
Hat das Sinn oder Zweck?

Du zögerst. Du denkst:
Was soll's? Ich geb' auf,
ich hab keine Kraft
für den zweiten Anlauf.
Da trifft dich Sein Wort:
Die Mitte ist da!
Und wo du auch bist,
da bin ich dir nah.

Geh weiter! Du findest,
wonach du dich sehnst!
Und was, fragst du dich,
wenn du dich jetzt auflehnst?
Doch lockt dich das Ziel,
die Mitte, *dein* Ort –
und zaudernd setzt du
den Weg dann doch fort.

Und staunst: Es gelingt!
Du kommst gut voran.
Ein paar Schritte noch –
und jetzt kommst du an.

Ich werde am Du

Da sind sie wieder. Schon gestern im Café sind mir die beiden aufgefallen – an ihren Gesten voller Zärtlichkeit. Sie saßen am Nachbartisch, hielten einander die Hände, lächelten, tauchten einander tief in die Augen, flüsterten und gurrten. Hin und wieder fuhr ihre Hand durch sein kurzes blondes Haar. Ihre Liebkosung erwiderte er mit einem zart dahingehauchten Kuss. Als der Kuchen kam, fanden sich ihre Füße unter dem Tisch im gleichen Tempo, wie sich ihre Hände über dem Tisch freigaben für die süße Speise. Und, wie um den Gaumenkitzel erhöhen zu können, taten sie sich gut an einer Eierlikör-Schnitte und einem Stück Rum-Flocken-Torte, indem sie sich gegenseitig fütterten. Die Welt um sie her schien nicht zu existieren. Sie hatten sich und ihren Kuchen. Und das war mehr als genug.

Nun sehe ich die beiden wieder. Eng umschlungen, einander vollkommen zugewandt, laufen sie vor mir am Strand. Sie tauschen Zärtlichkeiten aus. Sie ziehen sich gegenseitig auf, machen sich übereinander lustig. Was sich liebt, das neckt sich eben. Wie gut, dass sie einander haben, denke ich, und auch, dass sie zusammenpassen; soweit ich das beurteilen kann. »So ist's ja besser zu zweien als allein«, heißt es im Buch Kohelet (Koh 4,9), und mir geht angesichts der beiden durch den Sinn, wie recht der Prediger Salomo hat. Was wäre der Mensch ohne ein Gegenüber. Was wäre er ohne ein Du? Wem könnte er erzählen, was ihm gefällt? Wen könnte er fragen, was er nicht versteht? Wer würde ihm helfen, wenn er etwas nicht packt? Und mit wem würde er lachen?

Ein Weisheitsgedanke aus Äthiopien lautet: »Den Dschungel deines Herzens kannst du nicht selber roden. Den Acker deines Lebens kannst du nicht selber bestellen. Das Wort, das dir guttut, kannst du dir nicht selber sagen.« Wir Menschen sind Angewiesene, sagt diese Weisheit, angewiesen auf Menschen, die es gut mit uns meinen, die uns zugewandt und herzlich begegnen, die uns helfen, unser inneres Chaos zu bändigen, die unsere Anlagen erkennen und pflegen, die uns mit ihrem Ja und mit ihrem Nein weiterbringen – vom Anfang unseres Lebens bis zu dessen Ende.

Eine frühmittelalterliche Erzählung stellt drastisch vor Augen, was aus Menschen ohne dieses Gegenüber wird. Der Stauferkaiser Friedrich II. (1194–1250) hatte ein schreckliches Experiment mit grausamem Ausgang in Auftrag gegeben. Der hoch gebildete Herrscher fragte sich, welche wohl die Ursprache des Menschen sei. Und er war überzeugt davon, diese entdecken zu können, wenn nur beobachtet werde, in welcher Sprache Kinder zu reden beginnen, mit denen vorher niemand spricht. »Deshalb befal er den Ammen und Pflegerinnen, sie sollten den Kindern Milch geben, dass sie an den Brüsten säugen möchten, sie baden und waschen, aber in keiner Weise mit ihnen schöntun und zu ihnen sprechen.«[24] Die Salimbene von Parma, eine stark autobiografische Chronik der Jahre 1167–1287, hält für das Jahr 1268 fest, dass alle Kinder starben, weil wort- und gestenlose Bemühungen sie nicht am Leben halten konnten. »Denn sie vermochten nicht zu leben, ohne das Händepatschen und das fröhliche Gesichterschneiden und die Koseworte ihrer Ammen und Nährerinnen.«

Wenn es stimmt, dass sich niemand das Wort selber sagen kann, das er braucht, bedeuten keine Anrede und kein Zuspruch den sozialen Tod. Umgekehrt und dann positiv gewendet, lässt sich das auch ausdrücken. Ich denke an das Paar, das ich vor Kurzem getraut habe. Beim Traugespräch sagten sie in großer Übereinstimmung und mit Glanz in den Augen: »Sich gemeinsam freuen zu können, miteinander lachen zu können, das macht das Leben überhaupt erst lebenswert.« »Der Mensch wird am Du«, lautet die Quintessenz und Kurzformel, auf die der jüdische Religionsphilosoph Martin Buber (1878–1965) sein Forschen am Dialog als anthropologischem Prinzip bringt. Das bedeutet nichts anderes, als dass auch wir Erwachsene so auf Anrede und Zuwendung angewiesen sind wie die Kinder.

Das Paar vor mir am Strand bestätigt spielend leicht die Weisheit des Predigers und aller tiefgehenden Gedanken in seinem Gefolge. Aber, nachdem ich die beiden schon so lange mit sympathisierender Faszination studiert habe, wäre es nun unfair, nicht auch einen Blick ins eigene Nähkästchen zu geben, oder besser ein eigenes, bislang gut gehütetes Geheimnis zu lüften. An unserem Schlafzimmerspiegel zu Hause steht mit Lippenstift geschrieben: »Wir brauchen täglich acht Umarmungen zum Überleben, zwölf Umarmungen für unser emotionales Gleichgewicht und zwanzig Umarmungen, um glücklich zu sein.«

Sollte ich dem mir zwar unbekannten, aber doch schon so vertrauten Liebespaar vielleicht verraten, wie nah sie, laut unserem Spiegel, am vollkommenen Glück sind? Sollte ich den beiden sagen, wie viel Ausstrahlung von ihnen ausgeht, und ihnen vorsingen, wie des Predigers Salomo Loblied der Zweisamkeit weitergeht: »So ist es besser zu zweien als allein, denn sie haben Lohn für ihre Mühe. Fällt einer von ihnen, so hilft ihm sein Gesell wieder auf. Weh dem, der allein ist, wenn er fällt! Dann ist kein anderer da, der ihm aufhilft. Auch wenn zwei beieinander liegen, wärmen sie sich; wie kann ein Einzelner warm werden? Einer mag überwältigt werden, aber zwei können widerstehen, und eine dreifache Schnur reißt nicht leicht entzwei« (Koh 4,9-12). Nein. Ich denke, ich werde ihnen einfach einen Lippenstift schenken bei unserer nächsten Begegnung, auf dass sie nie vergessen mögen, wie das Ich wird aus dem Du.

In deine Augen

In deine Augen
einzutauchen
mich zu versenken
ohne Angst –
unendlich reicht der Atem
weiß ich um den Schatz[25]

Ich liebe Edi

Wie oft ich diesen Inselrundweg schon gelaufen bin, kann ich nicht sagen. Mehr als einhundert Mal war ich schon hier, auf diesem autofreien Kleinod in der Nordsee. Und von Anfang an hat mich die Einsamkeit des weiten Strandes am frühen Morgen fasziniert und immer wieder angezogen. Man kann süchtig werden, diesen Weg zu laufen: aus dem Dorf hinaus Richtung Westend, vorbei an den Salzwiesen und üppigen Weiden, auf denen Islandponys grasen, vorbei an letzten, einsam dastehenden Häusern in der Dünenlandschaft – und dann durch die Dünen hinaus zum Sonnenaufgang am Strand.

Überwältigend ist der Moment, wenn der Tag anbricht, wenn erste Sonnenstrahlen fingern und diesen Teil der Welt machtvoll und unaufhaltsam in ein neues Licht tauchen. Mein Atem, mein Herzschlag passen sich dem Rhythmus der Wellen an: Kommen und Gehen, Einatmen, Ausatmen. Möwen begleiten meinen Weg der Sonne entgegen. Fast scheinen sie mich zu bemitleiden, dass ich nicht einmal fliegen kann. Meine Schritte drücken Spuren in den Sand. Doch nur für kurze Zeit. Denn schon bald wird das Meer meine Abdrücke wegradieren und dem Menschen nach mir neu den unberührten Strand zu Füßen legen.

»Du meine Seele singe«, geht mir durch den Sinn. Hier am Strand kann ich seit Jahrzehnten unmittelbar nachvollziehen, was Paul Gerhardt im dritten Vers seines Liedes zu Psalm 146 geschrieben hat:»Hier sind die starken Kräfte, die unerschöpfte Kraft; das weisen die Geschäfte, die seine Hand gemacht: der Himmel und die Erde mit ihrem ganzen Heer, der Fisch unzähl'ge Herde im großen wilden Meer.« Das singe ich, das summe ich, das pfeife ich und genieße, wie leichtfüßig mein Gang ist, vor allem mit Rückenwind aus dem Westen.

Jahr für Jahr bin ich hier. Jahr für Jahr laufe ich diesen Weg. Dabei finde ich manchmal Überraschendes am Strand, angeschwemmt vom Wasser. Ein gerissenes Tau, ein verlorener Handschuh, die ahnen lassen, dass die Nacht stürmisch war, draußen auf einem der Fischkutter, die wie Nussschalen auf den Wellen reiten. Auch Unschönes wird angeschwemmt. Der ölige leere Farbtopf, zerfetzte Verpackungsfolien, nach Reparaturen offenbar achtlos über Bord geworfen. Das Meer als Müllhalde! Ein Grund zu großer Besorgnis.

Ich sehe schon auch die kleinen Veränderungen. Nehme wahr, wie sich Sandbänke verlagern, wie neue Dünen dort wachsen, wo die Herbststürme alte Dünen mit sich gerissen haben. Und doch empfinde ich, dass das große Ganze bleibt, diese atemberaubende Schönheit sich nicht verändert. Seit Jahren und Jahrzehnten nicht. Gott sei Dank!

Inzwischen habe ich die Bake erreicht, die mir als Orientierung für den Rückweg dient. Langsam neigen sich die mir so kostbaren, ja heiligen Augenblicke auch dieses Morgens ihrem Ende entgegen. Der Trampelpfad durch die Dünen führt mich zurück auf den befestigten Weg.

Und hier entdecke ich von Weitem schon, dass dieser längst schon schöne Tag noch viel kostbarer werden kann: Ein riesiges Herz erkenne ich, ganz frisch mit weißer Farbe aufs Pflaster gemalt. Und während ich näherkomme, lese ich, was mich anrührt, obwohl nicht ich gemeint bin. »Ich liebe Edi«, bekennt ganz öffentlich eine Straßenmalerin.

Und ich? Während ich einen Moment verweile, steigen zwei Gedanken in mir auf: wie sehr ich der mutigen Urheberin wünsche, dass Edi liest, was sie ihm schreibt – und gute Antwort gibt. Daneben, dass auch ich mir vornehme, meine Liebe denen neu zu bekennen, die ich liebe. Heute. Und morgen.

Tanz am Strand

Woher sie kamen,
weiß ich nicht.

Erst hörte ich nur Lachen
und Necken.
Dann sehe ich
das Paar mit den Kindern.
Sie toben am Wassersaum entlang,
spielen im Sand,
hüpfen im Wind.

Und als die Kinder
Muscheln auflesen,
schlingt er
zart die Arme
um seine Frau
und beginnt,
sich leicht mit ihr zu wiegen.
Summertime –
and the livin' is easy.

So viel Liebe am Strand.
Im Rhythmus der Wellen
zählt nichts
als Zärtlichkeit
und Lachen
und Tanz.

Singen, Genuss pur

Zu singen und zu musizieren ist auf Spiekeroog ein Muss. Niemand kommt daran vorbei – und wenn es durch Zuhören ist. Gemeinsam die Stimmen zu erheben, das hat Kultstatus, egal, ob beim Dünensingen, im Kerzenschein der Kirchen, rund ums Lagerfeuer oder bei einem Musikworkshop: Es ist immer voll. Hunderte von Menschen treffen sich, um nichts anderes zu tun, als endlich wieder einmal und stundenlang nach Herzenslust und aus voller Kehle miteinander singen zu können.

Die wenig wirklich Unmusikalischen stehen ratlos vor diesem ansteckenden Phänomen, fühlen sich manchmal richtig ausgeschlossen und fragen dann: Und was soll das? Warum reden wir nicht einfach miteinander? Was all den Menschen das Singen wohl bedeutet?

Ganz einfach!, antwortet der Musikanthropologe, denn seine Forschung hat ihn zu der Erkenntnis geführt, dass Musik ein Bestandteil menschlicher Selbstverwirklichung ist. Er versteht sie »als Katalysator sozialer Vorgänge, als Medium der Sensibilisierung und Sozialisierung in einer gesellschaftlichen Aufgabe«.[26]

Geforscht hat der Österreicher Wolfgang Suppan auch unter den Naturvolk- und Hochkulturen. Dort lernte er zu verstehen, dass Musik und Singen von zentraler Bedeutung für Kult, Politik, Arbeit, Recht und Medizin sind. Im Kult gilt die Musik als Geschenk Gottes, mit dessen Hilfe sich der Mensch dem Geistlichen und Göttlichen zu nähern vermag. Im gesellschaftlichen Kontext dient die Musik als Medium kommunikativer Beziehungen und gehört damit zu den unverzichtbaren Bestandteilen zwischenmenschlicher Begegnung. Und im Epenvortrag aller Völker und Zeiten ist Musik das Vehikel, auf dem Nachrichten transportiert und gemerkt werden.

Als ich Ende der Neunzigerjahre die Möglichkeit hatte, in der Zwei-Millionen-Stadt Nagpur, der geografischen Mitte Indiens, in einem Krankenhaus zu arbeiten, habe ich solche Funktionen des Singens selbst kennen gelernt: Mit Krankenschwestern und Ärzten fuhr ich regelmäßig in die Slumgebiete, die sich um die Stadt herum lagerten. Neben Untersuchungen führte das medizinische Personal auch Schulungen in Hygiene-, Rechts- und Kochfragen durch. Vor dem riesigen Auditorium von bis zu 4000 lernbegierigen Frauen, allesamt Analphabetinnen, wurden therapeutische Maßnahmen, Paragraphen und Rezepte vorgesungen. Die Melodien halfen den Menschen, die Inhalte zu lernen. Textsicher und auswendig konnte die Menge nach einer Weile alle erforderlichen Maßnahmen zur Bekämpfung der Kopflaus rezitieren, genauso wie das auch für eine Tagelöhnerin geltende Recht und alle Zutaten für eine Curry-Paprika-Suppe. »Backe, backe Kuchen«, habe ich schon als kleines Kind gelernt und wusste von da an, dass »Butter und Schmalz, Eier und Salz, Milch und Mehl« zu den Grundlagen für leckeres Backwerk zählen.

Aber ob irgendjemanden hier beim Singen auf der Insel die pädagogische Funktion des Singens interessiert? Am ehesten vielleicht noch jene Lehrerinnen und Lehrer, die sich auch aus Bewegungsliedern oder Songs aus der Welt der internationalen Folklore spielerisch die ein oder andere Anregung für ihren Unterricht ziehen. Alle anderen aber sind hier, weil sie kaum je die Möglichkeit haben, in so einer großen Runde zu singen.

Dabei gab es in Deutschland einmal die Wandervogel-Bewegung. Das war ein von Schülern und Studierenden ins Leben gerufenes Bündnis gegen die zunehmende Industrialisierung der Städte zu Beginn des 20. Jahrhunderts. Der Wandervogel wollte in freier Natur eine eigene Lebensart entwickeln und sich aus den engen Vorgaben des schulischen und gesellschaftlichen Umfelds lösen. Sich auf Wanderschaft zu begeben, im Zeltlager zu wohnen, das spielte eine herausragende Rolle – und natürlich das Singen in großer Runde.

Zerstört wurden die romantischen Ideale der Wandervogel-Bewegung durch die Machtergreifung der Nationalsozialisten 1933. Denn eine der unmittelbaren Folgen war die Order des Reichsjugendführers Baldur von Schirach, dass alle freien und kirchlichen Jugendverbände in die Hitlerjugend einzugliedern seien. Dieser Zwangseingliederung konnten sich die Verbände allenfalls durch Selbstauflösung entziehen. In der HJ griff man selbstverständlich auf unter Jugendlichen Bewährtes und Beliebtes zurück und organisierte Wanderungen, Zeltlager und große Singrunden – unter pervertierten, paramilitärischen Vorzeichen. Als der Krieg vorbei war, blieb den Menschen im zerstörten Deutschland das Singen längst im Halse stecken – und über Generationen verbannt. Mit dieser Geschichte im Hintergrund tun sich Menschen in Deutschland bis heute nicht leicht, ganz einfach miteinander zu singen.

Ganz anders als etwa die Menschen in Estland: Dort jährte sich 2011 zum zwanzigsten Mal die »singende Revolution«. Die Feiern dazu mündeten am 18. August in ein gigantisches Songfestival der estnischen Jugend auf der Freilichtbühne in der Tallinner Bucht. Dieses alljährlich stattfindende Sängerfest findet in Erinnerung an die zwei Millionen mutigen Menschen statt, die 1991 eine 600 Kilometer lange Menschenkette von Tallinn über Riga bis nach Vilnius bildeten. Fünfzehn Minuten lang hielten sich die Menschen damals schweigend die Hände. Dann begannen sie zu singen! Und bis in die Nacht hinein erklangen die verbotenen alten Volkslieder des Baltikums. Mit dieser Nacht voller Lieder begann das Ende der sowjetischen Besatzung in Estland. Kein Wunder, dass alle Chöre und Tanzgruppen zur Feier der »singenden Revolution« von 1991 in ihren Landestrachten kommen und den Erinnerungstag an ihre noch junge Freiheit ganz festlich begehen.

Auch wir auf der Insel singen in großer Runde. Niemand wird ausgeschlossen, alle können mitmachen oder zuhören. Wir singen vom Leben – in heiteren und melancholischen Tönen. Wir singen die Lieder der Mundorgel, manche Schlager und die grandios schönen neuen Kinder- und Volkslieder aus der Worpsweder Musikwerkstatt um Margarete und Wolfgang Jehn. Wir singen im Kanon und mehrstimmig die Volkslieder des 18. und 19. Jahrhunderts und Folklore aus England, Frankreich und den USA. Wir singen auch Choräle und Neue Geistliche Lieder. Eine Teilnehmerin sagte kürzlich, dass sie besonders die Kirchenlieder so bewegen, weil sie sich im Singen Worte zu eigen machen kann, die eigentlich zu groß für ihren kleinen Glauben sind. In der Tat: Lieder machen das scheinbar Unsagbare bisweilen doch sagbar.

Also, ohne zu übertreiben: Unser Singen ist Genuss pur und – bei freiem Eintritt – angelegt wie ein Spaziergang durch einen traumhaften Garten voller bunter Blumen. Und wie nachhaltig dieses Vergnügen ist, bekomme ich an vielen Stationen beim nächsten Gang durchs Dorf mit. Denn aus nicht wenigen Küchen und aus manchem Badezimmer ist mir schon fröhlich entgegengeschallt: »Mein kleiner grüner Kaktus steht draußen am Balkon« oder »Wenn ich ein Vöglein wär«. Und wenn Kinder, deren Eltern gerade mit ihnen geschimpft haben, plötzlich zu singen beginnen: »Über den Wolken muss die Freiheit wohl grenzenlos sein«, staune ich, wie viel sie schon verstanden haben vom Potenzial, das in Liedern steckt.

Wir loben dich, Gott, im Tanzen des Windes

Wir loben dich, Gott, im Tanzen des Windes,
dein Hauch, der sanft durch das Ährenfeld streicht.
Wir loben dich, Gott, im Brüllen des Meeres,
und atmen auf, wenn der Sturm zurückweicht.
Wir loben dich, Gott, mit allen Wesen,
von dir geschaffen, trefflich und gut.
Wir loben dich, Gott, von dir auserlesen,
das Leben zu lieben, bei Ebbe und Flut.

Wir loben dich, Gott, im Rauschen der Bäume,
von deiner Güte singt ihr Wiegenlied.
Wir loben dich, Gott, im Murmeln von Bächen,
kostbares Wasser durch Felsen und Ried.
Wir loben dich, Gott, mit deiner Schöpfung,
all unsre Sinne ziehn aus ihr Kraft.

Wir loben dich, Gott, im Antlitz von Menschen,
dein Ebenbild spiegelt, du bist zauberhaft.

Wir loben dich, Gott, und wollen begreifen,
dass wir auf Zeit nur auf Erden hier sind.
Wir loben dich, Gott, im Wachsen und Blühen
bleiben wir sterblich – und dein Menschenkind.
Wir loben dich, Gott, du wirst uns führen
durch finstre Täler, wo Unheil droht.
Wir loben dich, Gott, dein Sohn lässt uns glauben,
das Leben ist größer als Leid, Schmerz und Tod.

Wir loben dich, Gott, vom Aufgang der Sonne,
sie taucht die Erde in Farbe und Glanz.
Wir loben dich, Gott, und unsere Lieder
trachten nach Pauken, Trompeten und Tanz.
Wir loben dich, Gott, Himmel und Erde
rühmen die Wunder, die du, Gott, schufst.
Wir loben dich, Gott, und werden nicht schweigen,
bis du uns beim Namen zurück zu dir rufst.

Eugen Eckert zu einem Gebet von Fulbert Steffensky

Teezeit um Fünf

Urlaubszeit ist Mußezeit. Ob Sommer- oder Winterfrische: Nachmittags, wenn das Tagwerk von Strandgang, Wanderung oder Skilauf vollbracht ist, kehrt die wohlverdiente, herrliche Zeit der Muße ein. Ob Kaffee um Vier oder Tee um Fünf: Jetzt kann man alle Viere von sich strecken und in aller Entspannung nichts tun. Ob Sofa oder Bistrotisch: Man sucht sich ein stilles Eckchen, kramt ein Buch oder ein Journal hervor und lässt die Gedanken kreisen.

Schon die richtige Auswahl der Droge Kaffee oder Tee stellt einen vor ungeahnte, manchmal aber durchaus wohlige Schwierigkeiten. Wie schön kann die Qual der Wahl vor dem Genuss sein! Lange vorbei die Zeiten, als man *nolens volens* einen verbrühten, aufgewärmten Kaffee *à la américaine* vorgesetzt bekam. »Draußen nur Kännchen!«, diesen Weckruf der gestrengen Oberin wird man heute nur noch selten hören. Ob *Espresso ristretto* oder Einspänner, ob Großen Braunen oder Fiaker, die Welt des Kaffees ist voller Überraschungen. Und in der Welt der Teeisten sieht es kaum anders aus: Gute Häuser rühmen sich ihrer Teekarte. Ob *Darjeeling* oder *Orange Pekoe*, ob *Earl Grey* oder Ostfriese: überall lauert die Verführung feinster Düfte und Geschmäcker. Koffein und Teein können einen aus der Müdigkeit des Nachmittags befreien und den Weg bereiten für ein gepflegtes, weiterführendes Gespräch.

»*It's tea time, sir*«, der Fünf-Uhr-Tee hat es bei unseren Inselnachbarn gen Westen ja zu einer gewissen Berühmtheit gebracht. Und in der Tat: Bei schottischem *Shortbread* oder englischen *Buttercookies* und einer rechten Tasse Tee kann man schon manche Unbilden des Tages und manch einen heraufziehenden Sturm vergessen. Wohl dem, der dann zu allem Überfluss auch noch einen netten Gesprächspartner für dieses Stündchen gefunden hat! Während der Tee noch viel zu heiß in der Tasse dampft und im Kamin ein Feuerchen brennt (obwohl es gar nicht so kalt ist …) lassen sich beste Gesprächsfäden knüpfen. Vielleicht kann es auch einmal gut tun, Geprä-

che zu führen, die so gar nicht verzweckt sind wie viele Berufs-
gespräche des Alltags. Warum nicht miteinander die Gedanken
kreisen lassen, angefangen bei den vielleicht schlichtesten und
einfachsten Erlebnissen des Tages?

Das Große liegt manchmal im Kleinen, Unscheinbaren ver-
graben, ohne dass wir es wahrnehmen: Den Tag, die Tage Revue
passieren lassen und darüber in Austausch kommen. Sich über
die kleinen Dinge freuen lernen – die Jakobsmuschel am Strand
oder das Edelweißfeld hoch über Trofaiach … Das Leben ist
voll dieser kleinen, überraschenden Erfahrungen, die es wert
sind geteilt zu werden, ja, die geteilt sogar doppelt so schön
werden.

Wer sich solchen angenehmen Übungen unterzieht, wird
rasch merken, dass es nicht immer bei diesen unscheinbaren
Erzählungen stehen bleibt. Sie bilden gleichsam nur den Roh-
stoff, die Rohdiamanten für die große Geschichte, die wir
Leben nennen. Aus den einzelnen, unbearbeiteten Steinen
wird eine wundervolle Kette, die oft auch lohnt, schriftliche
Form zu gewinnen. So kann aus einer unscheinbaren Teestunde ein nachhaltiges Erlebnis werden: Die Gedanken gewinnen an Form, sie gewinnen Gestalt und plötzlich ist es
soweit, dass sie auch schriftlich reifen können.

Ich nehme mir mein kleines schwarzes Notizbuch, einen
Bleistift und fange an zu schreiben – so wie Maler auf ihrem
Skizzenblock anfangen zu zeichnen. Aus einfachen Worten
werden Gedanken, aus Gedanken Sätze, aus Sätzen Absätze
und ganze Kapitel. Schon sind sie da: bleibende Erinnerungen,
Gedanken, Erfahrungen, die den Augenblick überdauern und
über die sich vielleicht sogar noch Freunde und Kinder freuen
können.

Nur Mut: In unserer informationsgeschwängerten Zeit bin
ich wohl gar nicht mehr gewohnt zu schreiben. Aber je länger
je mehr entdecke ich diese Kulturtechnik wieder neu für mich
und freue mich an Bleibendem, was mir bei der Teestunde gar
nicht vorgeschwebt hatte.

Den Abend feiern

Die Nacht ist angebrochen,
die Dunkelheit greift Raum.
Bleib bei uns, Gott, behüte
uns auch in Schlaf und Traum.

Noch ein Platz frei

»Ist hier noch ein Platz frei?« Als er mich das fragt, schrecke ich für einen Moment zusammen. Dass ich mich über Gebühr ausgebreitet habe auf der öffentlichen Parkbank nahe am Seeufer, muss ich zugeben. Auch, wie ich es genieße, alleine dazusitzen, mit weit ausgebreiteten Armen, um den Gedanken nachzuhängen, die vor meinem inneren Auge vorbeiziehen wie die Schönwetterwolken am strahlend blauen Firmament. Schier betäubt vom gleichförmigen Auf und Ab der Wellen, war ich eben noch nicht mehr weit entfernt davon, mich sogar hinzulegen, mich auszustrecken auf jener Bank, die mein Träumen so beflügelt. Und da fragt dieser Mann, ob hier noch ein Platz frei sei.

Nein, denke ich – und sage: »Ja!« Welches Recht hätte ich auch, für mich alleine den Platz von Vieren zu beanspruchen? Ich rücke zum Rand der Bank hin. Und er setzt sich zu mir. Seine Gehhilfe platziert er geschickt vor uns im Gras. »Bis letzte Woche«, vertraut er mir an, »konnte ich nur mit Rollator gehen. Das war sehr beschwerlich. Vor allem, weil die ganze Welt voller Stufen ist. Aber ich habe hart trainiert – und jetzt bin ich wieder weg von den Rollen.« Er leckt an der oberen von zwei Eiskugeln, die er gerade am Kiosk erworben hat. »Hier sitze ich oft«, sagt er, und ich erwidere: »Ein schöner Platz.«

Und da beginnt der mehr als Achtzigjährige zu erzählen. Ich nehme wahr, wie heiter sein Gesicht ist. Die Lachfältchen faszinieren mich. Und auch die listigen Augen, mit denen er mich über den Rand seiner viel zu großen Brille fixiert, nehmen mich gefangen. »Seit sieben Jahrzehnten«, sagt er, »habe ich hier meinen Ort, um glücklich zu sein.« Das Eis schmilzt, während er redet. Erste Tropfen fallen ihm auf die Hose. »Ich sollte nicht so kleckern.« Mit einem Lächeln wischt er den Schaden weg und fährt fort, zu reden und zu reden. Von seiner Kindheit am See erzählt er, vom Badevergnügen jedes Sommers und reichen Fischzügen auf selbst gebauten Booten. Die Wehmut in seiner Stimme nimmt zu und das Eis schmilzt schneller, als er auf so viele vergnügliche Abende zu sprechen kommt, damals, als das große Waldheim dort noch keine Ruine war und die bekanntesten Kapellen aus Deutschlands Osten hier noch zum Tanz aufspielten. Nein, der Mauer traure er nicht nach, sagt er. Aber dass es auch gute Zeiten gab, für ihn und seine Freunde, das will er nicht zu erzählen vergessen.

Und während sein Eis weiter unaufhaltsam tropft, erfahre ich, dass er nun seit drei Jahren in der Seniorenresidenz am See wohnt. Die Schwestern seien ganz nett. Und manchmal grille der Hausmeister für alle. Mein Banknachbar teilt sich das nicht sehr große Zimmer mit einem etwa Gleichaltrigen. »Es gibt nur wenige Einzelzimmer«, sagt er. Und als ich nach persönlichen Einrichtungsgegenständen frage, erfahre ich, dass er sein Radio- und sein Fernsehgerät mitbringen durfte.

Wie gut, denke ich, dass er hier unten, am Seeufer, seinen Ort hat. Wie gut, dass es ihm gelungen ist, dem Rollator noch einmal ein Schnippchen zu schlagen. Wie gut, dass er sich aufmacht, zwei Kugeln Eis zu essen. Bei anderer Gelegenheit, so denke ich, wird er es sicher auch richtig genossen haben. Aber heute war ihm wichtiger als sein Eis, dass ich Urlaub habe – und die Zeit, mit ihm zu sitzen und zuzuhören.

Im Erzählen ist mein Banknachbar Stück um Stück näher zu mir hergerückt. Als mein kleiner Sohn um die Ecke saust, um mich für den Rückweg vom Tagesausflug abzuholen, bleibt er unvermittelt stehen, fixiert uns beide und fragt: »Papa, ist das dein neuer Freund?« »Das könnte man so sagen«, antworte ich und denke, dass Freundschaften wohl damit beginnen, dass noch ein Platz frei ist.

Auf den Schoß nehmen

Heute, während er auf meinem Schoß kuschelt
und mir die Hände streichelt,
sagt mein noch nicht ganz Fünfjähriger:

Wenn ich größer bin als du,
nehme ich dich auf meinen Schoß.
Und auch wenn du schon tot bist,
kannst du dort sitzen bleiben,
denn die Toten sind uns immer nah.

Kindermund tut Weisheit kund.
Und ich weiß,
ich werde aufgehoben sein wie nie,
wenn er mich auf den Schoß nimmt,
irgendwann.

In den Spiegel blicken

Ein hessisches Pfarrerkabarett bringt mit seinem Programm »Auch Jünger werden älter« viele Menschen zum Lachen. Heiter verpackt, führt es sein in aller Regel kirchliches Publikum dahin, diese Wahrheit nicht auszublenden, sondern ihr ins Auge zu blicken: Wir leben in einer älter werdenden Gesellschaft und werden im Laufe der Jahre ein Teil von ihr. Das bestätigen alle demografischen Untersuchungen der zurückliegenden Jahre.

Und selbst begeisterten Krimi-Leserinnen und -Lesern bleibt dieser Spiegel nicht mehr vorenthalten. Vorbei ist die Zeit, in der für Geheimagenten wie Jerry Cotton literarisch scheinbar ewige Jugend garantiert war. Mankells Kommissar Wallander wird älter von einem Krimi zum nächsten und bekommt zunehmend mit den Problemen der unaufhaltsamen Demenzerkrankung seines Vaters zu tun.

In den Spiegel zu blicken ist ein Ritual, für das im Urlaub oft mehr Zeit bleibt als im Alltag. Das eigene Gesicht zu studieren, beim Eincremen nach dem Sonnenbad, beim Kämmen nach dem Duschen, beim Schminken vor dem Restaurantbesuch, findet nicht selten ausführlicher statt als unter dem Zeitdruck eines Arbeitstages.

Wie hat sich mein Gesicht verändert im Laufe der Jahre? Sind graue Haare dazugekommen? Und wohin bewegt sich der Haaransatz? Wie steht es um die Falten? Sind es Lach- oder Sorgenfalten? Was machen die Zähne?

Von Tag zu Tag älter zu werden muss zunächst nicht beunruhigend sein. Im Gegenteil: Es kann sehr schön sein, das eigene Spiegelbild zu sehen und sich mit dessen Hilfe erinnern zu lassen an eigene Erlebnisse und Erfahrungen und das erworbene Wissen aus den Augen blitzen zu sehen. Das alles trägt dazu bei, aus den Puzzle-Teilen des Lebens ein vielfarbiges Gesamtbild entstehen zu lassen. Und auch das Gespür zu haben, Fehler nicht wiederholen zu müssen, gehört zu den guten Seiten des Älterwerdens.

Was mich beim Blick in den Spiegel dagegen besorgt, ist die Frage, welche Schrullen und Marotten in mir schlummern, die mit zunehmendem Alter hervorzubrechen drohen. Ich kenne so traumhafte alte Menschen, die geistig klar und körperlich fit sind. So wie sie würde ich gerne ganz alt werden wollen. Aber ich kenne auch verwirrte und stark eingeschränkte Alte.

Ich will diese Sorge nicht ausblenden. Und noch viel weniger will ich mich, jedenfalls so lange ich das verhindern kann, von seltsamen Launen und sich verselbstständigendem Eigensinn bestimmen lassen. Auch darum gehört zu meinen geistlichen Übungen im Urlaub, immer wieder, vielleicht sogar vor dem Spiegel, laut die Worte des schönsten und heitersten Gebetes zu sprechen, das ich zu diesem Thema kenne. Es wird Teresa von Avila zugeschrieben, einer klugen Frau des Mittelalters:

»O Herr, du weißt besser als ich, dass ich von Tag zu Tag älter und eines Tages alt sein werde.
Bewahre mich vor der Einbildung, bei jeder Gelegenheit zu jedem Thema etwas sagen zu müssen!
Erlöse mich von der Leidenschaft, die Angelegenheiten anderer ordnen zu wollen!

Lehre mich, nachdenklich, aber nicht grüblerisch,
hilfreich, aber nicht diktatorisch zu sein.
Bei meiner Ansammlung von Weisheit scheint es mir ja schade, sie nicht weiterzugeben – aber du verstehst, Herr, dass ich mir ein paar Freunde erhalten möchte.

Bewahre mich vor der Aufzählung endloser Einzelheiten und verleihe mir Schwingen, zur Pointe zu gelangen!
Lehre mich Schweigen über meine Krankheiten und Beschwerden. Sie nehmen zu.
Und die Lust, sie zu beschreiben, wächst von Jahr zu Jahr.
Ich wage nicht, die Gabe zu erflehen, mir Krankheitsschilderungen anderer mit Freude anzuhören –
aber lehre mich, sie geduldig zu ertragen.

Lehre mich die wunderbare Weisheit, dass ich mich irren kann.
Erhalte mich so liebenswert wie möglich.
Ich möchte keine Heilige sein, mit ihnen lebt es sich so schwer.
Aber ein alter Griesgram ist das Krönungswerk des Teufels!

Lehre mich, an anderen Menschen unerwartete Talente zu
entdecken, und verleihe mir, o Herr, die schöne Gabe,
sie auch zu erwähnen.
Amen.«

Und wenn der Tag ganz entspannt verläuft, singe ich lautstark
unter der Dusche: »Die Gedanken sind frei« oder Hannes
Waders »Heute hier, morgen dort« oder, inspiriert von diesem
Gebet, das eigene Lied.

 ## Das kleine Urlaubsritual

*Sich selbst mit beiden Händen mit zartem Druck über das
Gesicht zu streichen, von der Stirn über die Augenhöhlen, weiter
über die Wangen zu den Ohren und um den Hals herum, ist eine
jener Entspannungsübungen, die zu jeder Tageszeit und bei vielen Gelegenheiten wohltuend und erfrischend wirkt. Probieren
Sie es aus – immer wieder. Spüren Sie dabei ganz bewusst diese
wunderbare Zusammenarbeit: wie zärtlich unsere Hände sein
können und wie dankbar unsere Haut auf solche Berührung rea-
giert. Gehen Sie immer streichelnd und cremend gut mit Ihrer
eigenen Haut um – und mit der von den Menschen, die Sie lieben!*

Besser als ich noch

Besser als ich noch, mein Gott, weißt du,
dass ich von Tag zu Tag älter werde,
und eines Tages, lässt du es zu,
geh ich betagt über deine Erde.
Wenn's dazu kommt, Gott, dann bitte ich dich,
erhalt mich liebenswert, möglichst, lass mich
stets daran denken, wie ich begann,
niemals vergessen, dass ich irren kann.
Und lass mich heiter bleiben.

Besser als ich noch, mein Gott, weißt du,
dass mich Beschwerden zunehmend quälen.
Und über Krankheit könnt ich im Nu
allen jetzt alles wortreich erzählen.
Wenn's soweit kommt, Gott, dann bitte ich dich,
bring mich doch auf den Punkt und lehre mich,
auch wenn mir Jammern andrer missfällt,
freundlich zu weilen, duldsam, unverstellt.
Und lass mich heiter bleiben.

Besser als ich noch, mein Gott, weißt du,
wie ich versucht bin, weit auszuschweifen.
Mein Maß an Weisheit verlockt dazu,
stets ordnend überall einzugreifen.
Wenn mich das packt, Gott, dann bitte ich dich:
Von dieser Leidenschaft erlöse mich.
Ich will nicht heilig, noch griesgrämig sein,
einfach nur menschlich – und nie allein.
Und lass mich heiter bleiben.[27]

Eugen Eckert nach Theresa von Avila (1515–1558)

Wo die alte Moorhexe hext

So ein richtiges Lagerfeuer kann Kleine und Große begeistern. Der Architekt muss das gewusst haben, als er vor gut 50 Jahren die Neue Inselkirche plante. An den Kirchenraum schließt sich das Halbrund eines teilweise überdachten Innenhofs an. Und in dessen Mitte gibt es erfreulicherweise eine Feuerstelle.

Lisa und Benni sind begeistert, als sie im Schaukasten entdecken, dass sie dorthin wieder zum Singen am Lagerfeuer eingeladen sind. Bereits Tage vorher fragen sie, ob sie beim Aufschichten des Holzes helfen können. Als wir uns treffen, haben sie ihren Vater im Gefolge, der sich als zielgenauer und ausdauernder Holzspalter erweist. Zu viert sammeln, zerkleinern und schichten wir, was wir an Trockenem, leicht Entflammbarem finden, und türmen eine Pyramide nach bester Pfadfinderart: Papier und Späne unten, Zweige und Klötze oben, Holz zum Nachlegen daneben. Das müsste reichen.

Am Abend strömen die Menschen. Singen am Lagerfeuer hat Hochkonjunktur. Kinder lagern auf dem Rasen, Erwachsene bevorzugen Stühle und Bierbänke. Die Liederzeitung kreist. Lisa und Benni achten genau darauf, dass alle mit Noten versorgt sind. Und mit »Hab 'ne Tante in Marokko« beginnt die anregende Liederreise, die beim Hamburger Veermaster genauso Station macht wie beim Eisbären in Sibirien, beim afrikanischen Gnu und den Affen im Bananenbaum mit ihrer Vorliebe für Obstsalat. Jede Menge Mitleid löst in der ganzen Runde aus, dass meine Bieber Fieber haben und meine Mäuse Läuse und meine Hasen Blasen.

Noch ist es zu hell für das Feuer. Aber mit der sinkenden Sonne beginnt es kühl zu werden. Darum stimme ich Bewegungs- und Tanzlieder an: »*He's got the whole world in his hand*« oder »Deine Hand in meiner Hand«. Oder Lieder für warme Gedanken: »*Dat du min Leevsten büst, dat du wohl weeßt*«. Und beim sich anschließenden »Die Gedanken sind frei« zwinkern sich nicht wenige Erwachsene einander schmunzelnd zu.

Benni und Lisa werden immer ungeduldiger und mit ihnen zunehmend mehr Kinder. Wann zünden wir endlich das Feuer an? Ich lege die Gitarre zur Seite und greife nach den Streichhölzern. Wir haben gute Vorarbeit geleistet. Ein Streichholz reicht, um das Papier und erste Späne in Brand zu setzen. Einen Moment später züngelt die Flamme bereits an den aufgeschichteten Zweigen. Und schon brennt ein herrliches Lagerfeuer. Fasziniert starren Kinder und Erwachsene in das Flammenmeer. Es knackt hier und zischt dort. Funken sprühen. Zeit für das Lied von der alten Moorhexe, der vor lauter seltsamer Zauberei leider ihr einer roter, linksgestrickter Ringelstrumpf verloren geht, den ihr einst ihre Schwester schickte. Schaurig schön wabert aus 150 Kehlen ihr Hexenruf in den Nachthimmel. Und geheimnisvoll flüsternd sprechen alle ihr kleines Hexeneinmaleins mit.

Mucksmäuschenstill wird es bei der »Gute-Nacht-Geschichte«. Heute geht es um das kleine Flusspferd Horatio, das, so wie alle seine dicken Artgenossen, im Schlamm eines Flusses im Dschungel wohnt. Doch Horatio, der sehnsüchtig den Vögeln nachsieht, wie sie frei dahinfliegen, ist längst nicht so zufrieden wie die anderen. Er möchte unbedingt die große, weite Welt sehen. Die Eltern können diese Sehnsucht nicht verstehen. »Schlamm«, ermahnt ihn der Vater, »war gut genug für meinen Vater, für Großvater und Urgroßvater. Schlamm ist gut genug für mich und auch für deine Mutter. Also ist der Schlamm auch gut genug für dich, Horatio.«[28] Damit aber lässt das kleine Flusspferd sich nicht abspeisen. Eines Morgens bricht es auf und reist durch die Welt, besteht Einsamkeit und Heimweh, um Wälder, Berge, Wiesen und Städte zu sehen, um das Wunder der Musik kennen zu lernen und tanzen zu können.

Es steht in viele Gesichter am Lagerfeuer geschrieben, wie viel Sympathie sie für das kleine Flusspferd empfinden. Einmal herauskommen zu können aus dem eigenen Sumpf, für Tage oder für Wochen, das meint Urlaub ja auch. Etwas von der Welt sehen zu können, was man so noch nicht gesehen hat. Die Musik anderer zu hören und in ihrem Reigen mitzutanzen, für eine Weile einzutauchen in diese andere Kultur.

Der Abend am Lagerfeuer ist so nur möglich, weil Ferien sind. Längst lägen Benni und Lisa im Bett, wäre Schule. Hier, im Innenhof der Neuen Inselkirche, verwandeln sie sich an diesem Ferienabend ein bisschen in Horatio, und ihre Eltern mit ihnen. Und so wie in der Geschichte vom kleinen Flusspferd werden sie eines Tages zufrieden zurückkehren, weil sie etwas von der weiten Welt gesehen haben.

Das Feuer brennt langsam nieder. Abendlieder stimmen langsam auf das Abschiednehmen ein. »Der Mond ist aufgegangen« oder »Abendstille überall«, der Kanon über das Lied der Nachtigall. Einigen Kindern beginnen die Augen zuzufallen. »Gibt es morgen wieder ein Lagerfeuer?«, fragt Lisa. »Morgen nicht«, sage ich. Als ich sehe, wie ihr Blick traurig wird, füge ich schnell hinzu: »Aber bald schon wieder, ganz bestimmt!«

Am nächsten Morgen treffe ich zufällig Benni und Lisa wieder auf dem Dorfplatz. Sie sind gerade dabei, ein paar Tagestouristen zu erläutern, wo sie die Neue Inselkirche finden können. »Da geht ihr da hinter«, sagt Benni in tiefster Überzeugung, »bis zu dem Hof, wo das Feuer brennt und die alte Moorhexe hext. Daneben steht die Kirche.«

Fische

das
weite Meer
durchschwärmen
die Tiefen
zu ergründen
und
sprachlos
sich annähern

Sterne gucken

In einer klaren, mondlosen Gebirgsnacht, auf einer außerhalb des Dorfkerns stockdunklen Insel in das Sternenmeer zu tauchen, das kann von archaisch überwältigender Faszination sein. Ich liebe solche Nachtflüge mit den Augen. Darum ist ein Kriterium für die Wahl meiner Urlaubsorte auch, dass sie weit entfernt liegen von den hell erleuchteten Städten und der Luftverschmutzung großer Ballungsräume, damit es die Chance auf einen sternhellen Nachthimmel gibt.

Wenn dafür die Wetterlage stimmt, zieht es mich am Abend immer wieder aus dem Haus. Ich muss einfach losgehen, um Sterne zu gucken. Gerne nehme ich mir dazu eine Unterlage mit, weil ich mich auf den Rücken legen will. Ein kleines Kopfkissen und eine warme Jacke garantieren, dass ich es eine ganze Weile draußen aushalten kann und es mir nicht zu schnell kalt wird. Und dann suche ich mir an windstiller Stelle eine abgelegene Parkbank oder einen zum Hinlegen geeigneten Holzstapel, um darauf ausgestreckt auf Tauchstation zu gehen.

Es macht demütig, den Sternenhimmel zu bestaunen. Als kleiner Mensch auf dem kleinen Planeten Erde steht einem innerhalb von Sekundenbruchteilen eine Ahnung von der Größe des Universums vor Augen. Mein Staunen wird noch größer, je mehr Hintergrundinformationen ich habe. So lese ich, dass man unter günstigen Bedingungen bereits mehr als zweitausend Sterne mit dem bloßen Auge sehen kann, durch die, wie ein silbernes Band, die Milchstraße verläuft. Beobachtet man jedoch »mit Fernrohren, so geht die Zahl der Fixsterne schnell in die Hunderttausende. Unsere Galaxie, das Milchstraßensystem, besitzt rund 200 Milliarden davon, und wir kennen Milliarden von Galaxien.«[29]

Sterne sind ferne Sonnen, deren Abstand von der Erde in Lichtjahren gemessen wird. »Ein Lichtjahr ist die Strecke, die das Licht mit seiner Geschwindigkeit von 300 000 Kilometer pro Sekunde in einem Jahr zurücklegt. Das sind etwa 9,46 Billionen Kilometer. Der nächste Fixstern, Proxima Centauri, ist

4,3 Lichtjahre, der Mond nur etwa 1,3 Lichtsekunden entfernt. Unsere schnellsten Raumsonden wären zur Proxima Centauri rund 70 000 Jahre unterwegs.«[30]

Es sind also Milliarden ferner Sonnen, unter denen ich liege, wenn der Himmel sein Sternenzelt über mir gespannt hat. Gedanken über unser besonderes Verhältnis zu den Sternen gehen mir durch den Sinn. Manche Beziehung ist bereits abgebildet in einigen unserer Redewendungen. So halten wir ja Menschen für »unter einem guten Stern geboren«, deren Leben glücklich verläuft, die vom Schicksal begünstigt scheinen. Wir sagen auch, dass der »nach den Sternen greift«, der die Gunst der Stunde erkennt, der die Chance wahrnimmt, ein vermeintlich unerreichbares Ziel letztlich doch zu erlangen. Und wer, vielleicht doch etwas leichtfertig, verspricht, für den anderen »die Sterne vom Himmel zu holen«, muss vor Liebe blind sein.

Seit Jahrtausenden beschäftigt sich die Menschheit mit den Sternen. Ob die Ägypter, Babylonier und Griechen oder die Chinesen, Südseevölker oder Indianer – sie alle haben den Nachthimmel studiert. Und alle diese Völker haben den Sternbildern, die den Eindruck machen, als seien sie an der Himmelskugel fixiert, weil sie immer dieselben Figuren und Muster bilden, Namen aus der jeweils eigenen Mythologie gegeben. Götter, Helden, Tiere spiegelten sich für sie in den Sternen wider und wurden zum Stoff für Sagen und Mythen.

Auch mit der Frage, ob das Zusammenspiel von Sternzeichen, Planeten, Sonne und Mond bei der Geburt eines Menschen Auskünfte über dessen Charakter und Zukunft geben kann, beschäftigt sich die Menschheit schon lange – bis hinein in die Horoskope unserer Gegenwart. »Vor Jahrtausenden betrachtete man die Gestirne als Götter oder Dämonen, die in das Geschehen auf der Erde und das Schicksal der Könige, später auch der anderen Menschen, eingreifen sollten.«[31] Begann die Astrologie einmal mit Prognosen über die Geschicke eines Landes oder eines Königshauses, so expandierte sie durch die Jahrhunderte hin bis zur Behauptung, jedem einzelnen Menschen sein persönliches Horoskop aus dem Stand der Gestirne zum Zeitpunkt seiner Geburt berechnen zu können.

Solcher Sternengläubigkeit schiebt die Bibel einen Riegel vor. Nach dem ersten Schöpfungsbericht (1. Mose 1,1ff.) sind die Gestirne Geschöpfe Gottes, ohne jede Eigenmacht. Am dritten Schöpfungstag wird ihnen ihr Platz und ihre Bedeutung zugewiesen: »Und Gott sprach: Es werden Lichter an der Feste des Himmels, die da scheinen Tag und Nacht und geben Zeichen, Zeiten, Tag und Jahre … Und Gott machte zwei große Lichter: ein großes Licht, das den Tag regiere, und ein kleines Licht, das die Nacht regiere, dazu auch die Sterne« (1. Mose 1, 14ff). Orientierung sollen die Gestirne in der Tat geben. Sie sollen dem Menschen helfen, seinen Rhythmus zu finden, den des Tags und den der Nacht, dazu den der Minuten, Stunden, Tage und Jahre.

Die Sterne sollen auch helfen, dass der Mensch die Richtung nicht verliert. In der Zeit vor Radar und GPS brauchten Kapitäne unabdingbar das Wissen um den Stand der Sterne, um ihre Schiffe sicher durch die Nacht zu steuern. Und nicht zuletzt ist es ein Stern, der die Weisen aus dem Morgenland auf ihrem Weg nach Bethlehem führt. Dass sie dabei allerdings eine lebensgefährliche Situation heraufbeschwören, hat möglicherweise mit ihrem Horoskopglauben zu tun. Darum interpretieren sie den »Stern von Bethlehem« nicht nur als Zeichen für die Geburt eines Königssohns, sondern sind auch davon überzeugt, diesen doch höchstens im Palast finden zu können. Mit dieser Überzeugung treten sie vor Herodes und fragen: »Wo ist der neugeborene König der Juden? Wir haben seinen Stern gesehen im Morgenland und sind gekommen, ihn anzubeten« (Mt 2,2). Später bedarf es der ganzen Macht Gottes, der in Träumen Menschen warnen und Engel als Boten schicken kann, um das Leben des Kindes in der Krippe vor den marodierenden Truppen des Herodes zu retten.

Dieses und viel mehr geht mir durch den Kopf, während ich den Himmel voller Sterne bestaune und mich an Sternschnuppen freue, die ich selbstverständlich mit einem geheim bleibenden Wunsch verknüpfe. In solchen Momenten kommen mir auch die Menschen nah, von denen ich weiß, dass sie trauern. Für viele von ihnen ist der Abschnitt aus Saint-Exupérys weltweit verbreitetem Werk von zentraler Bedeutung, in dem der Kleine Prinz beim Abschiednehmen einen Stern als sein Zuhause vorstellt: »Du wirst in der Nacht die Sterne anschauen … Mein Zuhause ist zu klein, um dir zeigen zu können, wo es umgeht. Es ist besser so. Mein Stern wird für dich einer der Sterne sein. Dann wirst du alle gerne anschauen … Alle werden sie deine Freunde sein.«

Zeit und Ewigkeit begegnen mir unter Gottes Sternenzelt. Ich freue mich, ein paar Sternenbilder ablesen zu können, wo immer ich auch bin: den Großen Wagen mit seiner Deichsel oder das Zick-Zack der Kassiopeia. Für einen Moment fühle ich mich verbunden mit all den Generationen vor mir, die prüfende, sehnsuchtsvolle oder verklärte Blicke in den Nachthimmel warfen. Ich tauche ein in das Sternenmeer und freue mich ganz einfach an so viel Licht.

 ## Das kleine Urlaubsritual

Die höchsten Erhebungen etwa auf der Insel Spiekeroog sind befestigte Aussichtsdünen. Sich am Abend eine Isomatte mitzunehmen, um sich in einer klaren Sternennacht an einem solchen Ort einfach auf den Rücken zu legen und mit den Augen in den Himmel zu tauchen, ist eine überwältigende Erfahrung. Und wer eine Sternschnuppe sieht, darf sich dazu etwas wünschen. Aber nur im Stillen.

Schlaf

Wohl kaum etwas ist für das Wohlbefinden des modernen Menschen so wichtig wie ein erholsamer Schlaf. War in den früheren Zeiten ein tiefer Schlaf noch fast selbstverständlich, weil Menschen durch ihre harte körperliche Arbeit als Bauern oder Handwerker schlicht erschöpft waren oder nach eines langen Tages Wanderung ins Bett fielen, hat sich die Beanspruchung in unserer Zeit umgedreht. Die moderne Arbeitswelt kennt kaum noch körperliche Bewegung. Ja, selbst das Mindestmaß von Bewegung von vielleicht 20 oder 30 Minuten täglich können sich viele Menschen im Alltag nicht mehr einrichten.

Diese Entwicklung führt zu einer paradoxen Situation: Menschen sind zunehmend körperlich unausgelastet und zugleich seelisch und mental gestresst. Damit kann der Mensch schon evolutionsbiologisch betrachtet nicht umgehen. Als »Steppentiere« sind wir seit Jahrtausenden ans Laufen gewöhnt. Die Käfighaltung der Büros, in den Banken und bei den Dienstleistern unserer Zeit, ist uns wesensfremd.

Die Auswirkungen dessen sind beträchtlich: Neben den Zivilisationskrankheiten unserer Zeit, allen voran die schon fast üblichen Rückenleiden, sind die Schlafstörungen vielleicht die gravierendsten. Je älter, desto mehr leiden Zeitgenossen an Einschlafproblemen, am Aufwachen in der Nacht, am fehlenden Morgenschlaf.

Die Verlärmung der Welt durch Flugzeuge, Bahn und Autoverkehr tut das Übrige dazu. Hat der Körper schließlich seinen lang ersehnten Schlaf gefunden, reißt einen der Wecker unsanft aus morgendlichen Träumen, und leidlich übermüdet geht es in den Arbeitstag.

Der Urlaub ist eine wertvolle Gelegenheit, das eigene Schlafdefizit auszugleichen. Nicht so, dass das von heute auf morgen ginge, aber nach den drei empfehlenswerten Wochen sollte sich schon eine Normalisierung einstellen.

Interessanterweise ist es dabei so, dass der natürlich Rhythmus vieler Menschen eher einen 25-Stunden-Tag vorsieht. Bei freier Zeiteinteilung wird sich also der Tagesrhythmus automatisch etwas nach hinten verschieben. Aber das ist ja auch im Urlaub gar nicht schlimm …

Auf dem Weg durch diese Nacht

Auf dem Weg durch diese Nacht
hüte uns dein Segen.
Was zu tun ging, ist gemacht,
was nicht, hilf ablegen.
Bleiben Fragen, halt sie aus;
nagen Zweifel, tröste.
Trägt uns, Gott, dein Flügelschlag,
wird gewiss ein neuer Tag.

Auf dem Weg durch diese Nacht,
wenn die Kräfte schwinden,
sei bei uns, Gott, und gib acht,
dass wir Ruhe finden.
Bleiben Träume, mal sie aus;
blüht die Liebe, gieß sie.
Trägt uns, Gott, dein Flügelschlag,
wird gewiss ein neuer Tag.

Auf dem Weg durch diese Nacht
lass uns untertauchen,
Gott, bei dir, und halte Wacht,
weil wir Frieden brauchen.
Drücken Lasten, heb sie auf;
bluten Wunden, heile.
Trägt uns, Gott, dein Flügelschlag,
wird gewiss ein neuer Tag.

Auf dem Weg durch diese Nacht
hüte uns dein Segen.
Gott, erhält uns deine Macht,
können wir ablegen.
Bleiben Ängste, halt uns warm;
ist da Sehnsucht, still sie.
Trägt uns, Gott, dein Flügelschlag,
wird gewiss ein neuer Tag.[32]

Eugen Eckert

Abschied nehmen und zurückkehren

Friede sei mit dir,
Glück und Sonnenschein.
Möge Gottes Segen
in und um uns sein.

Jäger und Sammler

Mein Vater sammelte. Er sammelte Kabel, Stecker, Schrauben und Muttern. Kurz gesagt sammelte er alles, was man in der Nachkriegszeit besser aufhob. Wer weiß, wann und wo man es brauchen konnte?

Ich sammele auch. Bei mir waren es in der Kindheit Fußballbilder und Comics. Später wurden es Münzen, Schallplatten, CDs, Bücher und Lieder. Als wir vor ein paar Jahren in eine kleinere Wohnung umziehen mussten, war ich ziemlich überrascht, was ich in kurzer Zeit alles zusammengetragen und wie viel davon ich sogleich wieder vergessen hatte. Darum hielt sich der Trennungsschmerz auch in Grenzen, vor allem bei solchen Dingen, die ich nie mehr in die Hand genommen hatte. Aber ich musste mich auch von Sammelgut trennen, an dem einmal mein Herz hing, von dem ich dachte, es nie mehr hergeben zu wollen. Als der Umzug geschafft war, fühlte ich mich in mehrfachem Sinne erleichtert und nahm mir vor, von nun an nichts mehr zu horten.

Nun sammelt aber mein kleiner Sohn erst recht. Natürlich, weil er alles brauchen kann: ausgedientes technisches Gerät, Bierdeckel, Schokoladenpapier, Playmobil, Tierbilder, Schlüssel, Steine, Sand – er sammelt alles, weil er alles brauchen kann. Wenn wir seine Hosentaschen leeren, sind wir manchmal geschockt, was sich da alles findet. Stillschweigend entsorgen wir vieles davon – und machen die Erfahrung, dass unser Kind hinterher nichts vermisst.

Offenbar ist es genetisch in uns Menschen festgeschrieben, dass wir jagen und sammeln müssen. Auch im Urlaub. Und diese Leidenschaft wächst, wenn das Ferienende droht. Etwas von dem festhalten und mitnehmen zu können, was uns kostbar war, was uns unwiederbringlich scheint, ist eine schier unstillbare Sehnsucht.

Ich erinnere mich an einen Urlaub in Griechenland: Selbstverständlich hatten wir die schönste Bucht auf dem Peloponnes entdeckt, mit dem bezauberndsten Restaurant (mit Meeresblick), in dem uns ein altes Ehepaar den herrlichsten Retsina unseres Lebens kredenzte.

Am Tag vor der Abreise war es mir endlich gelungen, meine Frau davon zu überzeugen, dass wir den Kofferraum mit einer Batterie dieses Weines füllen sollten, wenn wir schon die Bucht, das Restaurant, unsere Gastgeber und den Meeresblick zurücklassen müssten. Nun, zu Hause angekommen, machte ich zwei Erfahrungen, die mich seither vor dem Sammeln im Urlaub warnen: Der Retsina schmeckte auf unserem Balkon abscheulich und man konnte ihn erstaunlicherweise sogar günstiger in unserem Supermarkt um die Ecke kaufen.

»Sammelt euch nicht Schätze auf Erden«, lautet eine kluge Empfehlung Jesu in der Bergpredigt. Hortet nicht Dinge, die ohnehin von Motten oder vom Rost zerfressen werden. Und häuft auch nicht Schätze an, die Diebe herbeilocken und zum Einbruch verführen. »Sammelt euch aber Schätze im Himmel«, fährt Jesus fort, »wo sie weder Motten noch Rost fressen und wo Diebe nicht einbrechen und stehlen. Denn wo dein Schatz ist, da ist auch dein Herz« (Mt. 6 19ff).

Für das Sammeln von »Schätzen im Himmel« brauche ich geschärfte Sinne: wache Augen, für die Schönheit um mich her; gespitzte Ohren, die auch für Leises offen sind; die feine Nase, um Erfahrungen richtig einordnen zu können. Ich brauche ein Gedächtnis, das in mir die Bilder, die Klänge, die Düfte, den Geschmack speichert, damit ich mich besonders an die guten Erfahrungen erinnern und von ihnen alleine und im Gespräch mit anderen zehren kann.

Weil es denn genetisch veranlagt ist, dass wir Jäger und Sammler sind, werde ich natürlich auch am Ende dieser Ferien mit meinem Sohn Muscheln sammeln. Und Steine. Von mir aus auch Sand. Aber einen Kofferraum voller Wein kaufe ich bestimmt nicht mehr. Und auch sonst will ich lieber mit leichtem Gepäck aus dem Urlaub zurückkehren.

Notwendige Abschiede

Eines Tages ist es soweit. Gleich, wie lange der Urlaub war, ob nur ein Wochenende oder eine Sommerfrische von drei Wochen Länge: Der Abschied will begangen sein. Vielleicht ist dies auch der größte Unterschied zwischen Kurzurlauben und langen Auszeiten: Im kurzen Urlaub habe ich die Tage ständig vor Augen, im langen höre ich irgendwann auf zu zählen, lasse mich fallen in eine zeitlose Existenz.

Der Abschied rückt näher und mit ihm die Wehmut, die »Melancholie der Erfüllung«: der letzte ganze Tag des Urlaubs, das letzte Mittagessen am fremden, nahen Ort. Ein Gang durchs Dorf, Gerüche, Impressionen, Licht.

Werde ich diesen Ort noch einmal wiedersehen? Wird es mir vergönnt sein, diese Luft noch einmal zu atmen? Werde ich dieses Licht, diese Stimmung noch einmal erleben? »Und jeder Abschied ist ein kleiner Tod«, so besingt es André Heller. Werden, Sein und Vergehen – dies ist ganz bestimmt eine Form des Vergehens.

Notwendige Abschiede wollen gestaltet sein. Ganz bewusst. Die Urlaubsforschung hat herausgefunden, dass die ersten und die letzten Impressionen haften bleiben.

Wie gestalte ich den letzten Tag, den letzten Abend? Ein Abschiedsspaziergang? Ein Festmahl? Beim Kofferpacken gehen mir nochmals Erinnerungen durch den Kopf. Die Nusstorte: Wie schön war es im Café Hanselmann! Die neue Jacke: Was hast du schon mit ihr erlebt! Die dreckigen Schuhe: Wohin sie dich alles getragen haben!

Die letzte Nacht mag unruhig sein. Unterbewusst schiebt sich die Anspannung der Reise in unser Gemüt. Macht nichts, Tiere schlafen auch nur ein paar Stunden …

Wohl dem, der dann am nächsten Morgen noch ein wenig Zeit und Muße hat. Der nicht voll Panik ständig auf die Uhr gucken muss, ob es noch reicht für den Flieger. Der nicht überhastet ins Auto springen muss, um möglichst schnell am Ziel zu sein. Auch hier ein Lob der guten alten Eisenbahn (nein, wir

werden nicht unterstützt von der Deutschen Bahn …). Um
9.02 Uhr geht gemütlich der Zug und in acht Stunden werde
ich zu Hause sein. Es wird keine Staus geben und kein Blitzeis,
es wird keine Gepäckkontrolle geben und kein Schlangestehen.
Acht wertvolle Stunden, um wieder anzukommen.

Langsam, ächzend setzt sich die alte Emma in Bewegung.
Der Bahnbetreiber wirbt: »Die langsamste Bahn der Welt.«
Und so zuckeln wir durch die Berge, vorbei an Seen, einsamen
Gehöften, durch Tunnels, immer dem Ziel entgegen.

Es ist eine richtig meditative Übung. Loslassen. Nichtstun.
Sich dem Strom der Dinge anvertrauen. Ein Flusslauf hier, eine
Brücke dort. Und in der Mitte der Dinge: die Erinnerung an all
die wertvollen Eindrücke der vergangenen Tage.

Ich bewahre sie in meinem Herzen. Und werde in alldem
frei und offen dafür, was die kommende Zeit bringen mag. An
Neuem. An Überraschendem. Vielleicht, wer weiß, nimmt
mein Leben ja eine neue Wendung? Vielleicht erfinde ich mich
ein Stück weit neu und gestalte auch meinen Alltag anders?
Spannende Aussichten!

 Das kleine Urlaubsritual

*Finden Sie Ihre Form, den Abschied zu zelebrieren. Ein letzter
Gang am Stand entlang – mit wachen Augen, offenen Ohren und
feiner Nase. Was will ich mir einprägen? An was möchte ich mich
gerne und oft erinnern? Ein letztes Glas Rotwein zum Sonnenun-
tergang im Strandkorb. Was habe ich so richtig genossen? Und
was vermisse ich schon jetzt? Oder eine letzte Umarmung für
Freundinnen und Freunde, mit Dank für gemeinsame Wege und
dem Wunsch, sich wiederzusehen. »Abschied ist die innigste Form
menschlichen Zusammenseins«, schreibt Hans Kudszus. Darum
rührt es uns so an, uns ganz bewusst von etwas zu trennen und
loszulassen – um sich dann auf das Neue einstellen zu können,
das kommt.*

Scheiden tut weh

Scheiden tut weh. Vielleicht muss das so sein. Denn es stimmt traurig, einen Ort zu verlassen, an dem es einem gut ging. Es ist schmerzlich, sich von Menschen verabschieden zu müssen, mit denen man gerne zusammen war. Und es ist schrecklich, wie die Zeit verfliegt. Eben noch war reichlich da. Und nun ist sie abgelaufen und der Abschied nah gerückt.

Auch wenn ich nie eine Münze über die Schulter in den Trevibrunnen geworfen habe, pflege ich ein paar Abschiedsrituale. Sie bestehen darin, nach dem Kofferpacken möglichst noch einmal zu den mir wichtigsten Orten zurückzukehren, mit dem Finger auf der Landkarte, durch den Eintrag ins Reisetagebuch oder mit einem die Tage abschließenden Spaziergang. Und auch zu den mir wichtigsten Menschen kehre ich noch einmal zurück – mit einem Anruf, mit ein paar Zeilen oder einem letzten Besuch. In aller Regel nehme ich sehr bewusst Abschied, weil ich danken möchte für gute Erfahrungen und wunderbare Momente, weil ich mir Bilder und Stimmungen einprägen möchte. Auch, weil ich es brauche, mich auf den harten Schnitt einzustellen, als den ich die Rückkehr in meinen Alltag häufig erlebe.

Manchmal ist ein Abschied auch endgültig, und das tut besonders weh. Als ich im Sommer 2008 zum letzten Mal von den Dünen auf den Badestrand hinunterblickte, nahm ich einen gebeugten, weißhaarigen Mann wahr, der mit einem Strauß weißer Rosen im Arm zielstrebig eine bestimmte Stelle am Strand ansteuerte. Ich wusste, warum – und fühlte mich ihm tief verbunden: Eine Woche zuvor hatten wir hier den Tod eines Menschen zu beklagen.

Es war ein heiterer, heißer Sommertag, als die kleine Frieda an der Hand ihres Vaters am Wassersaum entlangspazierte. Gemeinsam mit vielen anderen Badegästen hörte ihr Vater plötzlich Hilferufe aus dem Wasser. Er gab der Tochter seine Brille und rief: »Da ist ein Kind in Not. Ich muss helfen!« Und dann rannte er in die kalte und bewegte See. Doch während sich das bedrohte Kind aus seiner misslichen Lage selbst retten konnte, erlitt Friedas Vater einen Herzinfarkt. Es dauerte eine gefühlte Unendlichkeit, bis es der DLRG gelang, den sterbenden Retter zurück an den Strand zu holen. Und eine weitere Unendlichkeit lang kämpften zwei junge Ärztinnen, beide am Strand als Urlauberinnen, verzweifelt und letztlich vergeblich um das Leben von Friedas Vater. In dieser Zeit und bis Verwandte sie abholten, habe ich mich um das Kind und seine Mutter gekümmert.

Nun, eine Woche später, folgte ich mit meinen Blicken dem gebeugten Weißhaarigen. Und während er die Rosen behutsam in die Wellen legte, flüsterte ich als Gebet: »Und ob ich schon wanderte im finstern Tal, fürchte ich kein Unglück. Denn du bist bei mir ...« Und während die Rosen aufs offene Meer hinaustrieben, wandte sich der Weißhaarige um, und unsere Blicke voller Wehmut trafen sich. Auch weil wir miteinander geweint hatten, angesichts unserer Ohnmacht, wusste ich, die Ärztinnen sind seine Töchter.

In diesem Jahr Abschied zu nehmen tat besonders weh. Und doch ist auch eine tiefe Freundschaft gewachsen, mitten im finsteren Tal. Und die erweist sich als besonders tragfähig.

Sand sitzt in allen Ecken und Ritzen

Das kennen alle Eltern: Wenn die Kinder vom Spielplatz zurückkehren, muss man sie unbedingt bereits an der Tür abfangen, denn es gibt keinen Flecken an ihnen, der nicht ausgeschüttelt werden müsste. Vom Scheitel bis zur Sohle und selbst bis tief hinein in die Unterhosen haften ihren kleinen Körpern und allen sie umgebenden Hüllen noch viel kleinere Sandkörner an.

Wer sie nicht abfängt, hat den Salat: In aller Regel lieben es unsere Nachkommen, zugesandelt durch die Wohnung zu stürmen, einen Schuh hier fallen zu lassen, den anderen da und sich genüsslich auf Sofas und Betten auszustrecken. Erst wenn es beim Hineinbeißen in das so sehnlich angeforderte Schokoladenbrot mit einem Mal zu knirschen beginnt, merken auch sie, dass zu viel Sand im Spiel ist, und beginnen sogar zu verstehen, wie wenig lustig ihre Eltern solche Heimkehr finden.

Beim Auspacken der Koffer nach einem Urlaub am Strand ist der Effekt zwar häufig gleich, die Reaktion zumeist aber eine ganz andere:

Es rieselt aus dem Anorak? Liebling, erinnerst du dich an dieses wunderbare Abendrot? Windgeschützt saßen wir im Strandkorb, mit einer herrlichen Flasche Rotwein. Eng haben wir gekuschelt und gespürt, wie gut es ist, dass wir uns haben! An diesem Abend muss uns der Wind die Taschen mit Sand gefüllt haben.

Es rieselt aus den Gummistiefeln? Ach ja. Die Wattwanderung. Kannst du dich noch an den Geschmack von Queller erinnern, die Strandpflanze, die so salzig war? Und den Wattwurm, den du in der Hand gehalten hast? Ein bisschen eklig war der schon. Aber natürlich wichtig für die Ökologie des Watts. Wusstest du zuvor, dass ein jeder Wurm jährlich bis zu 25 Kilogramm Sand filtert, indem er den Sand frisst und in spaghettiförmigen Spiralen wieder ausscheidet? Na klar, wenn er nicht einem der Austernfischer zum Opfer fällt. Aber raffiniert ist er schon, dass er es versteht, sich aus Lebensgefahr zu retten, indem er sein Hinterteil stückweise abstößt. So erwischt der Vogel vielleicht ein paar Zentimeter, aber der Wurm überlebt. Grandios, das Leben im Watt!

Es rieselt aus Badehose und Bikini? Herrlich war es am Strand! Wie haben wir das genossen, einfach im Sand zu liegen – wunderbar! Die Brandung – wenn ich die Augen schließe, kann ich sie hereinrollen hören. Du auch? Und welch ein Vergnügen, den Wellen entgegen ins Wasser zu springen, unterzutauchen im eiskalten Nass, um zitternd schleunigst wieder an den Strand zurückzukehren! Spürst du auch noch das Salz auf der Haut?

Es rieselt aus der Sonnenbrille? Wie hätte ich ohne sie beim Beach-Volleyball gegen die Sonne spielen können? Beim Pritschen, beim Block und beim Schmettern war ich zwar obenauf. Aber bei manchem Hechtbagger musste ich Sand schlucken. Und meine Brille dazu. Was soll's? Toll waren die Spiele, ob in Zweier-, Dreier- oder Sechser-Teams.

Es rieselt aus dem Buch? Stimmt, manchmal bin ich einfach eingedöst, habe mich der Schwerkraft meiner Augenlider hingegeben, mich fallen lassen und mein Buch dazu. Das Reizklima an der See macht müde. Das sagen alle. Ich kann's nur bestätigen. Ich habe es am eigenen Leib erfahren. Aber immer, wenn ich von meinem Power-Nap zurückgekehrt bin, habe ich mich an diesem Buch gefreut, das jetzt vom Strand gezeichnet ist.

Es rieselt und rieselt, als hätte jemand die Sanduhr gestellt, um uns vor Augen zu führen, dass dieser Urlaub abgelaufen ist. Es rieselt aus Tüten und Dosen, aus Schuhen und Hosen. Der halbe Strand scheint sich in unseren Koffern versammelt zu haben. Sand sitzt in allen Ecken und Ritzen. Und mit ihm herrliche Erinnerungen an wunderbare Stunden und Tage.

Bonjour Tristesse

Ja, und dann hat er uns also wieder, der graue Alltag. Wo eben noch die Sonne schien in den strahlendsten Farben, wo Berge und Wasser sich spiegelten, da wartet nun das graue nebelige Wetter eines ebenso grauen Alltags. Oh ja, Deutschland, du kannst so praktisch und so fleißig und so reich sein: Schön bist du nicht unbedingt, man muss deine Schönheiten schon entdecken. Weder die Amalfiküste noch der Oslofjord weit und breit …

»Um 16:37 Uhr erreichen wir planmäßig Mannheim Hauptbahnhof.« Vorbei an endlosen Industrierevieren, Strommasten, Traktoren auf endlosen Feldern der Heimat entgegen. Man müsste es machen wie die Maus Frederik in dem berühmten Kinderbuch: die Sonnenstrahlen sammeln für kalte, nebelige, verregnete Tage.

Und doch: Lugt da ein wenig die Sonne hervor aus dem dunstigen Grau? Sollte es auch schöne Momente geben im Einerlei des Alltages?

Jedenfalls: Der Rucksack ist prall gefüllt mit Eindrücken, Erinnerungen, Mitbringseln. Und jedes Mal, wenn ich des Abends geschafft und müde nach Hause komme, werde ich an die erfüllte Zeit meines Urlaubs denken. Werde an dieses bezaubernde kleine Dorfkirchlein denken, dessen Türen mir offenstanden für einen scheuen, heimlichen Blick. Werde mich an diesen unbeschreiblichen Gesang der Liturgen beim abendlichen *Evensong* erinnern. Werde mich vertiefen in die Bilder dieser spirituellen Reise. Innerlich (und dann und wann an meinem Smartphone) ziehen sie an mir vorüber und geben mir die Sehnsucht nach einer anderen Welt; einem Kontrastprogramm des Alltags. Ich freue mich schon, meinen Freunden von den Erlebnissen und Widerfahrnissen des Urlaubs erzählen zu können. Über all das, was nicht geklappt hat, werde ich herzhaft lachen können.

Und während ich dies schreibe, fliegt die rheinhessische Hügellandschaft an mir vorbei. Weinberge, Obstbäume, Dörfer sind ins milde Licht der abendlichen Sonne getaucht. Und was kommt da auf mich zu? Die Oppenheimer Marienkirche, der schönste gotische Bau zwischen Köln und Straßburg. Schon lange nicht mehr an diesem starken geistlichen Ort gewesen. Wird Zeit, dass ich meinen Kindern das gruselige Beinhaus zeige und selbst dem Klang der wundervollen Woehl-Orgel lausche. Und rechts: Vater Rhein. Wie schön, ihn wieder zu sehen!

Oh ja, auch auf dem Balkonien der heimatlichen Gefilde kann es schön und anregend und geistig bereichernd sein. Zeit, das auch zu entdecken!

 ## Das kleine Urlaubsritual

Kommen Sie wohlbehalten zurück und auch gut wieder zu Hause an! Nein, der Poststapel und die Flut der E-Mails müssen nicht sofort bearbeitet werden. Und auch die Koffer können noch eine Weile warten. Öffnen Sie vielleicht zuerst die Fenster der Wohnung und atmen Sie durch. Schenken Sie sich ein wohltuendes Getränk ein, suchen Sie sich ihren Lieblingsplatz und lassen Sie die Augen schweifen: Jetzt bin ich wieder zurück, umgeben von mir Vertrautem. Es war schön, im Urlaub zu sein. Aber jetzt ist es auch hier schön, wohin ich zurückgekehrt bin.

Ganz bewusst zurückzukehren, den Fahrstress abzuschütteln, die nun zurückliegende Zeit noch ein wenig nachklingen zu lassen, sich darüber zu freuen, dass die Reise gut verlaufen ist und sich neu auf das einzustellen, was kommt, rundet den Urlaub erst richtig ab.

Wenn sie nur reden könnten

Wenn sie nur reden könnten, sie hätten so viel zu erzählen – unsere Mitbringsel von all den Fahrten. Manchmal liegen sie wohlgeordnet und kunstvoll arrangiert beieinander. Etwa die Steine.

Ein paar von ihnen haben wir sogar von Kanada nach Deutschland getragen. Beinahe täglich erinnern sie uns an eine spektakuläre Reise durch die Rocky Mountains, jene 230 Kilometer des *Icefield Parkway*, vorbei an 25 Gletschern mit sieben riesigen Eisfeldern, die der Strecke ihren Namen gegeben haben.

Wasser der Schneeschmelze, das tagaus, tagein im freien Wasserfall in die Täler donnert, hat diese harten Steine rund gespült. Wie Straußeneier sehen sie aus. Beim Umfassen schmeicheln sie geradezu die Hände, nehmen deren Wärme auf und geben sie in andere Hände weiter. Unvorstellbare 350 Millionen Jahre alt ist die jüngste Gesteinsschicht in den kanadischen Rockies, aus der unsere ovalen Kugeln stammen. Auf unser Fragen, wie lange diese Steine wohl unter dem »ewigen Eis« lagen, gibt es keine Antwort. Aber dass wir sie finden und sammeln konnten, ist ein Grund zur Besorgnis, denn wir sahen im Banff Nationalpark nicht nur die atemberaubende Schönheit eines *Lake Louise*, dessen einzigartiges Türkisblau vom Steinmehl stammt, das die Gletscherschmelzwasser in den See spülen. Wir waren nicht nur erschreckt und zugleich beeindruckt von dem riesigen Elch, der uns auf dem Campingplatz vor dem Waschhaus plötzlich gegenüberstand, oder von der Bärenmutter, die, ganz nah am Straßenrand, ihr offenbar zu freches Junges hoch in einen Baum getrieben hatte, wo das Kleine genüsslich im Wind schaukelte. Wir standen auch nachdenklich und besorgt vor dem Athabasca-Gletscher, an dessen Fuß Tafeln mit Jahreszahlen seit 1985 belegen, wie groß der Gletscher einmal war und wie er Jahr für Jahr kleiner wird. Eine bedrohliche Abnahme im Blick auf die globale Erwärmung der Erde.

Die durch Jahrzehnte glatt geschliffenen Formen und die Kleinteiligkeit der steinernen Zeugen auf unserer Fensterbank dokumentieren die unbändige Kraft des Wassers, die, mit genügend Zeit, größte Felsen zerlegen kann. Und winzige Fossilienspuren an manchen Steinen lassen ahnen, über welche Zeiträume die Steine zu erzählen wüssten, wenn sie nur reden könnten.

Auch wohlgeordnet: T-Shirts und Fleece-Jacken, bunt bedruckt mit Erinnerungen an kostbare Zeiten und grandiose Orte. Längst verwaschen und heute kaum noch ablesbar sind die Olympischen Ringe auf jenem T-Shirt, das bereits 1998 in Athen zu kaufen war, um für die Sommerolympiade 2004 zu werben. Dennoch: Dieses T-Shirt weiterhin tragen zu können, das ruft Erinnerungen wach, etwa an 20 unglaublich entspannte Stunden Zeit zum Lesen, Kartenspielen, Picknick und Schlafen unter freiem Himmel auf der Fähre von Venedig nach Igoumenitsa, an einen gerade erst zum Ferienhaus umgebauten Stall auf dem Peloponnes, umgeben vom Olivenhain, und an herrlich leichtfüßige Tage voller romantischer Sonnenuntergänge am Mittelmeer.

Der Federschmuck eines Häuptlings, abgebildet auf dem Rücken eines anderen Shirts, ist unmittelbar verknüpft mit Erinnerungen an den Spaziergang entlang der Totempfähle im Stanley-Park, angesichts der dynamischen Skyline von Vancouver. Die bunt gefärbten Handschnitzereien mit Motiven aus der Ahnenlegende der *First Native* sind zugleich stumme Zeugen des gewaltsamen Teils der Besiedlungsgeschichte, der mit Verdrängung und Vertreibung zu tun hatte. Es waren die Stämme der Musqueam und Métis, die hier zu Hause waren, ehe, im Gefolge des britischen Kapitäns George Vancouver und des schottisch-kanadischen Pelzhändlers Simon Fraser, weiße Siedler im Goldrausch jeglichen Respekt vor den Kulturen der einheimischen Bevölkerung ablegten und sich ihr *Claim* mit Waffengewalt absteckten. Und zugleich erinnert mich der Federschmuck beim Tragen des Shirts auch an Momente voller spiritueller Demut vor den Riesen des Regenwaldes von Vancouver Island und das staunende Verweilen vor dem ehemaligen Expo-Pavillon von 1987 auf dem *Plaza of Nations* angesichts landender und aufsteigender Wasserflugzeuge im Hafen der großen Stadt. Mit der Weltausstellung, zu der seinerzeit mehr als 22 Millionen Menschen nach *British Columbia* reisten, hatte Vancouver begonnen, sein ehemaliges Image als langweiliges Provinznest abzulegen und zu jener Weltmetropole zu werden, die mir vor Augen steht.

Wenn sie nur erzählen könnten, all die T-Shirts und Fleece-Jacken mit Emblemen wie das vom Campus der altehrwürdigen *Harvard-University*, gegründet 1636, oder Abbildungen wie dem Leuchtturm von Louisburg, der *Golden Gate Bridge* bei Nacht oder dem *Half Dome* im *Yosemite National Park*, sie alle wüssten begeistert zu beschreiben, wie manchmal Reiseträume wahr geworden sind, etwa vom Westen bis zum Osten quer durch Kanada oder die USA.

Es gibt keinen Raum in unserer Wohnung ohne Erinnerungsstücke an Urlaubsreisen. Die Bilder an den Wänden und in Fotoalben, die Reiseführer in den Regalen, das Teeservice in friesisch Blau, der auf einen Stock gestützte alte Prophet, geschnitzt vor meinen Augen von einem Warschauer Künstler am Ufer der Wislwa, der Flötenspieler aus feinstem Herender Porzellan, das längst schon steinharte Lebkuchenherz von der Münchner *Tollwood*, die Gesangbücher der *Iona Community* und der *United Church of Canada*, ein in brüchig blaues Leder gebundener Gedichtband von Robert Louis Stevenson, 1924 in England erschienen, der Silberkrug aus dem indischen Nagpur. Wohin der Blick auch fällt, er trifft auf Spuren naher und weiter Wege. Sie durch das Berühren, das Ansehen oder Tragen in Erinnerung behalten zu können, für Momente in Gedanken an die Orte ihrer Herkunft zurückkehren zu können, das ist ein Grund für all das Sammeln. Und sich von Zeit zu Zeit neu erzählen zu können: »Weißt du noch, wie schön das war?« Wenn sie nur reden könnten, all die Mitbringsel von unseren Reisen: Wir würden zuhören und erneut darüber staunen, was wir schon alles erlebt haben.

Man braucht nur eine Insel

Nicht viel hab ich mir mitgebracht
vom leeren, weißen Strand,
Salz auf der Haut und Wind im Haar
und Muscheln in der Hand.
Gedanken, die auf Wellen reiten,
und Spuren, die im Sand verweh'n,
mein Herz im Rhythmus der Gezeiten,
mein Wunsch, mit dir den Weg zu geh'n.

Man braucht nur eine Insel
im großen, weiten Meer.
Man braucht nur einen Menschen,
den aber braucht man sehr.

Den Koffer füllt mein Sammeln nicht,
auch um mich her ist Platz.
Und dennoch komm ich reich zurück,
denn Muscheln sind mein Schatz;
sind Augen, die mir Schönheit zeigen,
sind Ohren, noch vom Meer berauscht.
Nur für den Himmel voller Geigen
hätt' ich das alles eingetauscht.

Man braucht nur eine Insel
im großen, weiten Meer.
Man braucht nur einen Menschen,
den aber braucht man sehr.[33]

Eugen Eckert nach einem Gedicht von Mascha Kaléko

Anmerkungen

[1] Aus der CD »Es ist Sommer«, www.habakuk-musik.de

[2] Aus: Janosch, Wörterbuch der Lebenskunst, Wilhelm Goldmann Verlag, München 1995, S. 7

[3] Übersetzung der »Bibel in gerechter Sprache«, Gütersloh, 2. Auflage 2006, S. 1333

[4] Manfred Wester, Leben weitergeben, Offenbach 1983, S. 27

[5] Ausgestellt in der Trinity College Library von Dublin

[6] Aus der CD »Alles hat seine Zeit«, www.habakuk-musik.de

[7] Aus der CD »Pusteblume, Löwenzahn«, www.habakuk-musik.de

[8] Nach einem Beitrag aus der CD »Atem-Entspannung«, Reinhard Tausch, Techniker-Krankenkasse 1993

[9] Aus der CD »Die Erde dreht sich zärtlich«, www.habakuk-musik.de

[10] Eugen Eckert, In »Lass dein Licht leuchten«, Kevelaer 2003, © Dehm-Verlag, Limburg

[11] Ernesto Cardenal, Das Buch von der Liebe, Gütersloh, 5. Auflage 1977, S. 20

[12] ebda

[13] Vgl. www.saintgregorys.org/Icons/ – Worship – The Art of St. Gregory's

[14] Dorothee Sölle, Luise Schottroff, Den Himmel erden, München 1996, S. 31

[15] Aus der CD »Es ist Sommer«, www.habakuk-musik.de

[16] Hazrat Inayat Khan, Vom Glück der Harmonie, Freiburg 1979, S. 61

[17] In Ulrich Weinzierl, Carl Seelig, Schriftsteller, Wien 1982, S. 135

[18] Anne Morrow Lindbergh, Muscheln in meiner Hand, München 1980, 12. Auflage, S. 51

[19] Hazrat Inayat Khan, Vom Glück der Harmonie, Freiburg 1979, S. 91

[20] Spiekerooger Inselbote, Nr. 17, Sonnabend, 15. August 2009, S. 6

[21] Eric Carle, Die kleine Raupe Nimmersatt, 1969, Gerstenberg-Verlag, Hildesheim

[22] Übersetzung der »Bibel in gerechter Sprache«, Gütersloh, 2. Auflage 2006, S. 2129

[23] Text: Eugen Eckert. Melodie: Fritz Baltruweit. © Text: Strube-Verlag, München

[24] Das Menschenhaus, Lesebuch für den Religionsunterricht, Düsseldorf 1972, S. 9f

[25] Aus der CD »Es ist Sommer«, www.habakuk-musik.de

[26] Wolfgang Suppan, Der musizierende Mensch, Mainz 1984, S. 7

[27] Aus der CD »Die Erde dreht sich zärtlich«, www.habakuk-musik.de

[28] Michael Foreman, Horatio, Oldenburg 1970

[29] Erich Übelacker, Sternbilder und Sternzeichen, Nürnberg 1995, S. 5

[30] Ebda

[31] Ebda S. 44

[32] Aus der CD »NachKlänge«, www.neuesgeistlicheslied.de

[33] Aus der CD »Alles hat seine Zeit«, www.habakuk-musik.de